왕초보 필수 영숙어 500

초판인쇄 2018년. 11월. 10일.
초판발행 2018년. 11월. 15일.

펴낸이 편집부
펴낸이 진수진
펴낸곳 혜민교육

주소 경기도 고양시 일산서구 하이파크 3로 61
출판등록 2013년 5월 30일 제2013-000078호
전화 031-949-3418
팩스 031-949-3419
전자우편 meko7@paran.com

값 7,500원
*낙장 및 파본은 교환해 드립니다.
*본 도서는 무단 복제 및 전재를 법으로 금합니다.

영어를 여러 차원에서 기억하고 활용하는 방법인
영어 낭독 훈련을 통한 '스피킹 암기 학습'

왕초보 필수 영숙어 500은 영어 숙어장이 아닙니다.
Shadow Speaking 332 학습을 기반으로 영숙어를 통해
영어를 익히도록 설계된 **신개념 학습법**입니다.

Shadow Speaking 332 학습 활용법

"과연 어떤 방법으로 연습하고 익히는 것이 효과적일까요?"
영어를 여러 차원에서 기억되고 활용하는 방법인 Shadow Speaking (낭독 훈련)을 통해 '스피킹 암기'가 가능하도록 연습하는 것

영어는 지능어가 아닌 기능어로 지속적인 노출과 기본 환경을 만들어 주면 모국어를 익히는 것처럼 유창해집니다. 한국사회에서 영어는 지능어로 인식되어 지식수준으로 판단되어 온 것이 사실입니다. 세계어인 영어가 생존의 수단이요, 생활의 도구가 되었으며 이를 기반으로 사회가 변화고 교육정책도 변화되면서 사람들의 인식에도 변화되어 가고 있습니다. 꾸준한 연습을 통해 유창성과 정확성을 기르면 누구나 영어를 잘 할 수 있다는 것입니다.

그렇다면 과연 어떤 방법으로 연습하고 익히는 것이 효과적일까요? 해답은 바로 영어를 여러 차원에서 기억하고 활용하는 방법으로 습득하는 것이 가장 좋은 방법일 것입니다. 바로 Shadow Speaking(낭독 훈련)을 통해 '스피킹 암기'가 가능하도록 연습하는 것으로 눈으로 보며, 귀로 듣고, 입으로 말하면서 영어의 기본기를 쌓는 것입니다. 소리 내어 공부하는 것이 다소 익숙하지 않을 수 있지만, 이것이 가장 빠른 Listening 훈련이요, Speaking 연습이며, 이를 통해 자연스럽게 영어의 발음과 화법을 효과적으로 터득할 수 있습니다. 무엇보다 Shadow Speaking(낭독 훈련)의 최대의 장점은 듣고 말하며 손으로 익히는 것이 아니라 눈과 귀와 입으로 익혀 원어민과의 실제 상황에서 익힌 것을 자연스럽게 표현할 수 있다는 점입니다. 즉, 살아 있는 실전에 강한 영어를 가능하게 해 준다는 것입니다.

영어는 어려운 수학 문제를 푸는 것처럼 지적 능력을 요구하는 학문이 아닙니다. 영어는 일상생활에 필요한 생활 언어이며 기능을 요하는 기능 교과입니다. 피아노 연습을 많이 하면 할수록 실력이 느는 것처럼 영어 또한 연습을 많이 하면 영어 실력자가 될 수 있습니다.

● Shadow Speaking 332학습 ●

Shadow Speaking 332학습은 낭독 훈련 원칙에 따라 일정한 학습이 이루어집니다. 즉, **오디오 3번 듣기, 책을 보고 들으며 3번 따라 말하기, 책을 보지 않고 들으며 2번 따라 말하기**를 해 보면서 익히는 것입니다. 눈으로 보며, 귀로 듣고 입으로 말하면서 영어 문장의 노출과 입력양을 늘려 실전에서 자연스럽게 암기한 내용이 표현되도록 하는 것입니다.

● 학습 결과와 피드백 ●

❶ **Shadow Speaking 332학습**은 듣고 연습하면 자연스럽게 입과 귀가 열려 듣기가 됩니다.
❷ **Shadow Speaking 332학습**은 말하는 연습을 통해 발음이 교정됩니다.
❸ **Shadow Speaking 332학습**은 듣고 말하며 손으로 익히는 것이 아닌, 입으로 익혀 실전에 강합니다.
❹ **Shadow Speaking 332학습**은 듣고 말하기 연습을 통해 영어의 유창성과 정확성을 기를 수 있습니다.
❺ **Shadow Speaking 332학습**은 영어 실력자들이 영어를 익혔던 학습법으로 결과가 검증된 방법입니다.
❻ **Shadow Speaking 332학습**은 다양한 교재를 통해 영어의 기초부터 기본기를 쌓을 수 있는 학습법입니다.

Shadow Speaking 332
왕초보 필수 영숙어 500

구성과 특징

Shadow Speaking 332 왕초보 필수 영숙어 500은 단지 영어 숙어를 익히기 위한 영어 숙어장이 아닙니다. 영어 학습을 하기 위해 영어 숙어를 바탕으로 특별한 영어 낭독 훈련(Shadow Speaking)을 통해 학습이 이루어집니다. 기본적으로 영어 숙어를 통해 영어에 익숙해지고 두 단어 이상으로 구성된 관용구(idiom)를 익혀 실전에 사용하기 위해서입니다.

왕초보 필수 영숙어 500은 가장 기본적인 문장 구조부터 고급 관용구까지 다양하게 구성되어 있습니다. 학습 시스템은 Shadow Speaking 332학습의 학습 흐름에 따라서 듣기, 말하기를 통해 자연스럽게 익히고 실전에 적절히 사용할 수 있도록 하였습니다.

Chapter 1 에서는 영어 숙어와 기본 구문을 동시에 학습할 수 있는 기본 영숙어로 구성하였습니다.

Chapter 2 에서는 중등 수준의 필수 영어 숙어를 통해 실력을 다질 수 있도록 구성하였습니다.

Chapter 3 에서는 평가 등 고득점을 위해 준비해야 할 상위 수준의 핵심 영어 숙어를 통해 실력을 다질 수 있도록 구성하였습니다.

학습 흐름

▶ 1. 영숙어 및 문장 듣기 3회 → 2. 영숙어 및 문장을 책 보고 듣고 따라 말하기 3회 → 3. 영숙어 및 문장을 책 없이 듣고 따라 말하기 2회

- Shadow Speaking 332학습 원칙에 따라 듣기 3회, 따라 말하기1(책 보기) 3회, 따라 말하기2(책 없이) 2회를 기본 학습으로 실시
- 음성파일 : 듣기 파일과 따라 말하기 버전으로 구성
- Unit별 1일 학습으로 난이도와 이해도에 따라 15개에서 20개로 구성

왕초보 필수 영숙어 500은 영어 숙어장이 아닙니다.
Shadow Speaking 332학습을 기반으로 영숙어를 통해 영어를
익히도록 설계된 신개념 학습법입니다.

교재 구성과 특징

- 듣기용 파일과 따라 말하기용 음성 파일을 구분하여 학습 하는 데 있어서 학습효과를 극대화하도록 하였습니다.
- 각 영어 숙어마다 체크 박스를 두어 스스로 확인하며 자기 주도학습이 가능하도록 하였습니다.
- Tip을 통해 영어 숙어가 문장에서의 활용과 주의 사항을 제시하였습니다.

- Unit에서 익힌 영어 숙어를 점검할 수 있도록 Chapter별 로 확인 문제를 구성하였습니다.
- 문제에 대한 정답을 별도로 구성하지 않고 문제마다 그 영 어 숙어가 나온 곳의 해당 페이지를 제시하여 다시 확인하 며 익히도록 하였습니다.

- Chapter별로 나온 영어 숙어를 체크 리스트로 구성하여 스스로 확인하며 영어 숙어를 관리하도록 하였습니다.
- 체크 상자를 2개 두어 먼저 영어 숙어를 학습하기 전에 사 전 체크하여 자신이 알고 있는 것을 점검해 보고, 학습이 끝난 후 다시 점검하며 자신의 실력을 확인하도록 구성하 였습니다.

Contents

* **Shadow Speakig 332학습 활용법** ---------- 4
* 왕초보 필수 영숙어 500 구성과 특징 ---------- 6

Chapter 1

기본 영숙어 Idiom 100   9
– 영숙어와 기본 구문을 동시에 학습

unit	01	02	03	04	05
page	10	14	18	22	26

Chapter 2

필수 영숙어 Idiom 235   37
– 필수 영숙어를 통해 실력 다지기

unit	06	07	08	09	10	11
page	38	41	44	47	50	53
unit	12	13	14	15	16	17
page	56	59	62	65	68	71
unit	18	19	20	21		
page	74	77	80	83		

Chapter 3

핵심 영숙어 Idiom 165   99
– 평가 고득점을 위해 실력 다지기

unit	22	23	24	25	26	27
page	100	103	106	109	112	115
unit	28	29	30	31	32	
page	118	121	124	127	130	

* 왕초보 필수 영숙어 500 **Index** ---------- 143

Chapter 1

왕초보 필수 영숙어 500은 영어 숙어장이 아닙니다.
Shadow Speaking 332학습을 기반으로 영숙어를 통해
영어를 익히도록 설계된 신개념 학습법입니다.

[기본영숙어]

Idiom 1~100

Listening

Speaking 1

Speaking 2

영숙어와 기본 구문을 동시에 학습

Idiom 100

학습한 내용은 **Check List**를 통해 자신의
실력을 확인하며 익혀 보세요.

Shadw Speaking 332학습

① 오디어 3번 듣기
② 책을 보며 3번 따라 말하기
③ 책을 보지 않고 2번 따라 말하기

CHAPTER 1

UNIT 01

Idiom 001~020

Shadow Speaking 332

듣기 02, 말하기 03

---

001 want to ~하고 싶다

≒ I like to, I would like to

I wanted to play tennis with Jane.
나는 Jane과 테니스 치고 싶었다.

Tip to 다음에는 동사원형이 오며, 주어의 인칭과 시제에 따라 wants나 wanted를 쓴다.

---

002 be going to ~할 것이다

≒ will

I'm going to go to the library.
나는 그 도서관에 갈 것이다.

Tip 미래시제를 나타낼 때 사용하며 be동사는 주어에 맞게 am, are, is를 쓴다.

---

003 a lot of 많은

≒ a lot, lots of, many, much

There were a lot of people there.
거기에 많은 사람들이 있었다.

Tip a lot of 다음에는 명사의 복수형이 온다.

---

004 I think (that) 나는 …라고 생각한다

I think it is important to learn English.
나는 영어를 배우는 것이 중요하다고 생각한다.

Tip I think (that) 다음에는 주어와 동사로 이루어진 문장이 오며 that은 생략이 가능하다.

UNIT 1

005 **have to** ~해야 한다

≒ must

I have to wait here.
나는 여기서 기다려야 한다.

Tip have to 다음에는 동사원형이 오며 주어의 인칭과 시제에 따라 has to, had to를 쓴다.

006 **talk with** …와 이야기하다

He talked with his friend about movies.
그는 영화들에 대해 그의 친구와 이야기를 했다.

Tip with 다음에는 사람을 나타내는 말이 온다.

007 **I see.** 이해하다, 알다

In Australia, August is the winter season.
- Oh, I see.
호주에서 8월은 겨울이야. - 오, 알겠어.

008 **How about ~?** ~하는 게 어때?

≒ What about ~?

How about going to the movies?
영화 보러 가는 게 어때?

009 **talk about** …에 대해 이야기하다

What are they talking about?
그들은 무엇에 대해 이야기하고 있니?

010 **look at** …을 보다

Look at this picture.
이 그림을 봐라.

Chapter 1

011 **live in** …에 살다

Lisa **lives in** London.
Lisa는 런던에 산다.

Tip in 다음에는 지명이나 장소를 나타내는 말이 온다.

012 **enjoy -ing** …을 즐기다

He **enjoys playing** soccer on Sundays.
그는 일요일마다 축구하는 것을 즐긴다.

Tip enjoy는 '즐기다' 라는 뜻으로 동사 뒤에는 동명사(-ing형)가 온다.

013 **be interested in** …에 관심이 있다

Ben **is interested in** Korean culture.
Ben은 한국 문화에 관심이 있다.

* culture 문화

014 **I'd like to** ~하고 싶다

I'd like to borrow it.
나는 그것을 빌리고 싶다.

015 **one of** … 중에 하나

cf. **all of** : …의 전부

One of my favorite sports is baseball.
내가 가장 좋아하는 운동 중 하나는 야구이다.

Tip one of는 여러 가지 중에 하나를 표현할 때 사용하며 of 다음에는 복수명사가 온다.

UNIT 1

016 I hope (that) ~하기를 바라다

I hope it will be fine tomorrow.
나는 내일 날씨가 맑기를 바란다.

017 think of …을 생각하다

≒ **think about**

I couldn't think of anything.
나는 생각이 나는 게 없었다.

018 how to ~ ~하는 방법

cf. **what to ~** : 무엇을 ~할지
   where to ~ : 어디로 ~할지

I don't know how to play the guitar.
나는 기타 치는 법을 모른다.

Tip how to는 방법을 나타낼 때 사용하며 to 다음에는 동사원형이 온다.

019 a few 다소의, 약간의(수량)

cf. **a little** : 다소의, 약간의(물질)

I have a few friends.
나는 다소 친구들이 있다.

Tip a few 다음에는 셀 수 있는 명사의 복수형이 온다.

020 try to ~하려 노력하다

I tried to talk with Emily in English.
나는 Emily와 영어로 대화하려 노력했다.

CHAPTER 1

UNIT 02

Idiom 021~040

021 **in the morning** 아침에

cf. **in the afternoon** : 오후에

She took a walk in the morning.
그녀는 아침에 산책을 했다.

*take a walk 산책하다

022 **be happy to** ~해서 기쁘다

Bill was happy to hear that news.
Bill은 저 소식을 들어서 기뻤다.

Tip to 다음에는 동사원형이 오며 to부정사의 부사적 용법으로 원인과 이유를 나타낸다.

023 **Thank you for** …을 고마워하다

Thank you for calling me.
나에게 전화해 줘서 고마워.

Tip for 다음에 동사가 올 경우에는 동명사(-ing형)가 온다.

024 **listen to** …을 듣다

We listened to music in the room.
우리는 그 방에서 음악을 들었다.

14 · Shadow Speaking 332

UNIT 2

025 **one day** (과거의) 어느 날

cf. **some day** : (미래의) 어느 날

One day, Tom and I went shopping.
어느 날, Tom과 나는 쇼핑을 갔다.

026 **at home** 집에

My brother is not at home now.
나의 남동생은 지금 집에 없다.

027 **have a cold** 감기에 걸리다

My mother has a cold.
나의 어머니는 감기에 걸리셨다.

028 **get up** 일어나다

↔ **go to bed** : 잠자러 가다

Ann usually gets up at six.
Ann은 보통 6시에 일어난다.

029 **for a long time** 오랫동안

You don't have to wait for a long time.
너는 오랫동안 기다릴 필요가 없다.

*don't have to ~할 필요가 없다

030 **go out (of)** …에서 밖으로 나가다

Joe went out of the room.
Joe는 그 방에서 밖으로 나갔다.

Tip '~로부터' 라는 장소를 언급하고자 할 경우에는 'of+장소' 가 온다.

Chapter 1

031 **go to school** 학교에 가다

Mina goes to school by bus every day.
미나는 매일 버스로 학교에 간다.

Tip 건물 본연의 목적이 아닌 건물 자체를 나타낼 때는 school 앞에 a나 the를 붙인다.

032 **a member of** …의 일원

I'm a member of the basketball club.
나는 그 농구 클럽의 회원이다.

033 **arrive at** …에 도착하다

≒ get to, reach

The train will arrive at Seoul Station.
그 기차는 서울역에 도착할 것이다.

Tip at 다음에는 장소를 나타내는 지점이 오며 지점이 국가인 경우에는 at 대신 in을 쓴다.

034 **come from** … 출신이다, …에서 생기다

≒ be from

Our English teacher comes from Canada.
우리 영어 선생님은 캐나다 분이다.

035 **do the dishes** 설거지를 하다

I did the dishes this evening.
나는 오늘 저녁에 설거지를 했다.

UNIT 2

036 more than ···보다 많은, ··· 이상으로

This house was built more than ten years ago.
이 집은 10년이 더 되었다.

* ago ···전에, ···이전

Tip than은 '···보다'라는 뜻으로 비교를 나타낼 때 사용하는 말이다.

037 so ~ that 너무 ···해서 ~하다

I was so tired that I stayed home.
나는 너무 피곤해서 집에 있었다.

Tip so ~ that은 원인을 나타낼 때 사용하는 표현으로 앞에서 뒤로 해석한다.

038 walk to ···까지 걷다

We walked to the park yesterday.
우리는 어제 그 공원까지 걸었다.

039 at that time 그때에

Ted was at the library at that time.
Ted는 그때에 그 도서관에 있었다.

Tip at that time은 과거 문장에 사용한다.

040 go into ··· 안으로 들어가다

John went into the store.
John은 그 상점 안으로 들어갔다.

Idiom 500 · 17

CHAPTER 1

UNIT 03

Idiom 041~060

Shadow Speaking 332

듣기 / 말하기1 / 말하기2

※ 듣기 **06**, 말하기 **07**

---

041 **What kind of ~?** 어떤 종류의 ~?

<u>What kind of</u> music do you like?
어떤 종류의 음악을 좋아하니?

Tip of 다음에는 셀 수 있는 명사의 복수형이나 셀 수 없는 명사가 온다.

---

042 **by bike** 자전거로

cf. **by car** : 차로, **by train** : 기차로, **by subway** : 지하철로,
on foot : 걸어서

My brother and I come to school <u>by bike</u>.
나의 남동생과 나는 자전거로 학교에 온다.

Tip 교통수단을 나타낼 때는 by를 사용해서 표현한다. 단, '걸어서'라고 할 때는 on foot으로 by가 아닌 on을 사용한다.

---

043 **as ~ as** …와 같이 ~한

Nancy is <u>as</u> tall <u>as</u> Mary.
Nancy는 Mary만큼 키가 크다.

Tip as와 as 사이에는 형용사나 부사의 원급이 온다.

---

044 **be born** 태어나다

I <u>was born</u> on April 10, 1995.
나는 1995년 4월 10일에 태어났다.

---

18 • Shadow Speaking 332

UNIT 3

045 go around the world
세계를 일주하다

I want to go around the world.
나는 세계를 일주하고 싶다.

046 go to bed 잠자리에 들다

What time did you go to bed last night?
너는 지난 밤에 몇 시에 잤니?

047 introduce A to B A를 B에 소개하다

I introduce Kate to my parents.
나는 Kate를 나의 부모님께 소개한다.

Tip A와 B에는 사람을 나타내는 말이 온다.

048 next time 다음에

Next time, I'll cook for you.
다음에 너를 위해 요리를 할 것이다.

049 on the Internet 인터넷 상에서

We can get information on the Internet.
우리는 인터넷에서 정보를 얻을 수 있다.

Tip Internet은 항상 대문자로 시작한다.

050 at night 밤에

It is quite dark here at night.
여기는 밤에 매우 어둡다.

Idiom 500 · 19

Chapter 1

051 **look like** …처럼 보이다

That rock looks like a lion.
저 바위는 사자처럼 보인다.

Tip like는 '…처럼'이라는 뜻의 전치사로 뒤에는 명사나 대명사가 온다.

052 **need to** ~할 필요가 있다

We need to start at once.
우리는 즉시 출발해야 한다.

* at once 즉시

053 **have a party** 파티를 열다

They had a party last Sunday.
그들은 지난 일요일에 파티를 열었다.

054 **many times** 여러 번

Mr. White read the book many times.
White 씨는 그 책을 여러 번 읽었다.

Tip many 다음에는 셀 수 있는 명사의 복수형이 온다.

055 **by the way** 그런데

By the way, how was your trip to New York?
그런데 뉴욕 여행은 어땠니?

Tip 생활 영어에서 자주 쓰이는 표현으로 화제를 돌릴 때 사용한다.

UNIT 3

056 **some day** (미래의) 어느 날, 언젠가

I want to go to France some day.
나는 언젠가 프랑스에 가고 싶다.

057 **be surprised to** ~해서 놀라다

I was surprised to hear the news.
나는 그 소식을 듣고 놀랐다.

Tip to 다음에는 동사원형이 오며 to부정사의 부사적 용법으로 원인과 이유를 나타낸다.

058 **since then** 그때부터

Ben had lived in Busan since then.
Ben은 그때부터 부산에서 살고 있었다.

059 **go and** ~하러 가다

I have to go and help him.
나는 그를 도와주러 가야 한다.

Tip and 다음에는 동사원형이 온다.

060 **I'm afraid ~** …인 것 같다

I'm afraid I have a fever.
나는 열이 있는 것 같다.

＊fever 열

Tip I'm afraid는 유감스러운 내용을 말할 때 사용한다.

CHAPTER 1

UNIT 04
Idiom 061~080

Shadow Speaking 332

듣기 / 말하기1 / 말하기2

🎧 듣기 **08**, 말하기 **09**

061 I'm sure (that) 나는 …라고 확신하다

I'm sure you will be a good doctor.
나는 당신이 좋은 의사가 될 것이라고 확신한다.

Tip I'm sure (that) 뒤에는 주어와 동사로 이루어진 문장이 오며 that은 생략이 가능하다.

062 this time 이번에

I want to go to Paris this time.
나는 이번에 파리에 가기를 원한다.

063 most of …의 대부분

Most of us were in the gym at that time.
우리의 대부분은 그때에 그 체육관에 있었다.

064 be in trouble 곤란에 처해 있다

I'm in big trouble now.
나는 지금 큰 곤란에 처해 있다.

＊trouble 근심, 걱정

Tip trouble 앞에는 a나 the와 같은 관사가 붙지 않는다.

UNIT 4

065 **be full of** …로 가득 차 있다

≒ be filled with

The garden is full of trees.
그 정원은 나무들로 가득 차 있다.

066 **be friends with** …와 친하게 지내다

I have been friends with Thomas for ten years.
나는 Thomas와 10년 동안 친하게 지내오고 있다.

067 **on your own** 혼자서

≒ alone

You must do it on your own.
너는 혼자서 그것을 해야 한다.

068 **be able to** ~할 수 있다

≒ can

Sam is able to run fast. Sam은 빨리 달릴 수 있다.

Tip 조동사 can과 같은 의미이며 be동사는 주어의 인칭에 따라 am, are, is 를 쓰고 to 뒤에는 동사원형이 온다.

069 **have fun** 재미있게 놀다

Let's have fun together.
함께 즐기자.

070 **both of** … 양쪽 모두

I like both of those pictures.
나는 저 두 사진 모두를 좋아한다.

Tip of 다음에는 명사의 복수형이 오거나 복수를 나타내는 대명사가 온다.

071 **each of** …의 각각

Each of the boys brought me a flower.
그 소년들 각각 나에게 꽃을 가져왔다.

Tip each of 다음에 복수명사가 오더라도 단수 취급한다.

072 **give up** 포기하다

Susan didn't give up her dream.
Susan은 그녀의 꿈을 포기하지 않았다.

Tip give up 다음에 동사가 올 경우에는 -ing형을 쓴다.

073 **How do you like ~?** …은 어떻습니까?

How did you like your trip to Paris?
파리 여행은 어땠나요?

074 **welcome to** 맞이하다, 환영하다

Welcome to our school.
우리 학교에 오신 것을 환영합니다.

Tip to 다음에는 장소를 나타내는 말이 온다.

075 **at the beginning of** … 초에

I will go to England at the beginning of May.
나는 5월 초에 영국에 갈 것이다.

Tip of 다음에는 시간을 나타내는 말이 온다.

UNIT 4

076 **far away** 멀리

The balloon flew far away.
그 풍선이 멀리 날아갔다.

077 **a piece of cake** 아주 쉬운

It is a piece of cake.
그것은 아주 쉬운 일이다.

> **Tip** a piece of cake는 '케이크 한 조각'이라는 뜻인데, 케이크 한 조각은 한 입에 먹기 편하다는 뜻으로 아주 쉬운 일을 나타내는 관용어구이다.

078 **get off** 내리다

↔ **get on** : 타다
Tom got off the train.
Tom은 그 기차에서 내렸다.

079 **more and more** 점점 더

More and more people will visit our town.
더욱 많은 사람들이 우리 마을을 방문할 것이다.

> **Tip** '비교급 + and + 비교급'은 '더욱 ~한'이라는 뜻으로 문장을 강조할 때 사용한다.

080 **sit on** …에 앉다

She is sitting on the chair.
그녀는 그 의자에 앉고 있다.

Idiom 500 · 25

CHAPTER 1

UNIT 05

Idiom 081~100

Shadow Speaking 332

듣기 / 말하기1 / 말하기2

081 **throw away** …을 버리다

Don't throw away the things.
그 물건들을 버리지 마라.

Tip throw away에서 away는 부사로 쓰였으며, 뒤에 대명사가 올 경우에는 'throw + 대명사 + away'의 순서로 쓴다.

082 **walk around** 주위를 걷다, 돌아다니다

We walked around for an hour.
우리는 1시간 동안 주위를 걸었다.

083 **next to** … 옆에

Our school is next to the library.
우리 학교는 그 도서관 옆에 있다.

084 **be over** 끝나다

The game was over by six o'clock.
그 경기는 6시쯤 끝났다.

Tip be over에서 over는 전치사가 아닌 형용사로 '끝나서, 지나서, 마쳐서'라는 뜻이다.

26 • Shadow Speaking 332

UNIT 5

085 **a couple of** 두 개의, 수 개의

Please wait a couple of minutes.
몇 분만 기다려 주세요.

Tip 의미상으로 둘을 나타내기도 하고 둘 이상을 나타내기도 한다. 따라서 문맥으로 정확한 뜻을 이해해야 한다.

086 **these days** 요즘

Many Korean people go abroad these days.
요즘 많은 한국 사람들은 해외로 나간다.

087 **all day (long)** 하루 종일

It rained all day long yesterday.
어제 하루 종일 비가 내렸다.

088 **say hello to ~** …에게 안부를 전하다

Please say hello to your family.
당신의 가족에게 안부를 전해 주세요.

Tip to 다음에는 사람이나 사람을 나타내는 말이 온다.

089 **once a month** 한 달에 한 번

cf. **once a week** : 일주일에 한 번

I take piano lessons once a month.
나는 한 달에 한 번 피아노 레슨을 받는다.

090 **look around** 둘러보다

Judy looked around the park.
Judy는 그 공원을 둘러보았다.

Chapter 1

091 I hear (that) …을 듣다

I hear that his father is a lawyer.
나는 그의 아버지가 변호사라는 것을 듣는다.

*lawyer 변호사

Tip that 다음에는 문장이 와야 하며 that은 생략이 가능하다.

092 used to ~하곤 했다

I used to take a walk before breakfast.
나는 아침식사 전에 산책을 하곤 했다.

Tip 과거의 불규칙한 습관을 나타낼 때 사용하며 to 다음에는 동사원형이 온다.

093 be busy with ~하느라 바쁘다

≒ be busy -ing
I am busy with club activities.
나는 클럽 활동으로 바쁘다.

094 half of …의 반

Half of the students went to the museum.
학생들의 반이 박물관에 갔다.

095 How often ~? 얼마나 자주 ~?

How often do you play tennis a week?
당신은 일주일에 얼마나 자주 테니스를 치나요?

Tip 빈도나 회수를 물어볼 때 사용하는 표현이다.

UNIT 5

096 **be afraid of** …을 두려워하다

The little girl is afraid of dogs.
그 어린 소녀는 개를 무서워한다.

Tip of 다음에는 명사가 오며 동사가 올 경우에는 -ing형을 쓴다.

097 **sound like** …처럼 들리다

It sounds like fun.
그것은 재미있게 들린다.

098 **take a bath** 목욕을 하다

cf. **take a shower** : 샤워를 하다

I usually take a bath before I go to bed.
나는 보통 잠자리에 들기 전에 목욕을 한다.

099 **a pair of** 한 쌍의

I bought a pair of shoes at that store.
나는 저 가게에서 신발 한 켤레를 샀다.

Tip of 다음에는 shoes(신발), socks(양말), scissors(가위)와 같이 한 쌍으로 이루어진 물건들이 온다. 이러한 물건들은 모두 항상 명사의 복수형으로 쓴다.

100 **take a break** 휴식을 취하다

cf. **take a rest, get some rest** (몸이 안 좋아서) 휴식을 취하다

You need to take a break.
너는 휴식이 필요하다.

Idiom 500 • 29

Practice 1 — Unit 01~05

다음 괄호 안에서 알맞은 전치사를 고르세요.

1. I'm going (to, for) go to the library. p.10
   나는 도서관에 갈 것이다.

2. Please wait a couple (over, of) minutes. p.27
   몇 분만 기다려 주세요.

3. I uesd to (take, taking) a walk before breakfast. p.28
   나는 아침식사 전에 산책을 하곤 했다.

4. How (about, into) going to the movies? p.11
   영화 보러 가는 게 어때?

5. Ben is interested (in, about) Korean culture. p.12
   Ben은 한국 문화에 관심이 있다.

6. I don't know how (to, from) play the guitar. p.13
   나는 기타 치는 법을 모른다.

7. She took a walk (at, in) the morning. p.14
   그녀는 아침에 산책을 했다.

8. Thank you (to, for) calling me. p.14
   나에게 전화해 줘서 고마워.

9. My brother is not (on, at) home now. p.15
   나의 남동생은 지금 집에 없다.

10. You don't have to wait (by, for) a long time. p.15
    너는 오랫동안 기다릴 필요가 없다.

Unit 01~05

11. The train will arrive (**at**, to) Seoul Station. p.16
그 기차는 서울역에 도착할 것이다.

12. Our English teacher comes (of, **from**) Canada. p.16
우리 영어 선생님은 캐나다 분이다.

13. What kind (**of**, about) music do you like? p.18
어떤 종류의 음악을 좋아하니?

14. My brother and I come to school (in, **by**) bike. p.18
나의 남동생과 나는 자전거로 학교에 온다.

15. I want to go (at, **around**) the world. p.19
나는 세계를 일주하고 싶다.

16. Our school is next (**to**, by) the library. p.26
우리 학교는 그 도서관 옆에 있다.

17. We can get information (by, **on**) the Internet. p.19
우리는 인터넷에서 정보를 얻을 수 있다.

18. (**By**, Of) the way, how was your trip to New York? p.20
그런데 뉴욕 여행은 어땠니?

19. The garden is full (with, **of**) trees. p.23
그 정원은 나무들로 가득 차 있다.

20. Susan didn't give (**up**, from) her dream. p.24
Susan은 그녀의 꿈을 포기하지 않았다.

21. Tom got (down, **off**) the train. p.25
Tom은 그 기차에서 내렸다.

Chapter 1 Check List

Chapter 1에서 배운 숙어들을 익혀 보세요.

001	want to	~하고 싶다
002	be going to	~할 것이다
003	a lot of	많은
004	I think (that)	나는 …라고 생각한다
005	have to	~해야 한다
006	talk with	…와 이야기하다
007	I see.	이해하다, 알다
008	How about ~?	~하는 게 어때?
009	talk about	…에 대해 이야기하다
010	look at	…을 보다
011	live in	…에 살다
012	enjoy -ing	…을 즐기다
013	be interested in	…에 관심이 있다
014	I'd like to	~하고 싶다
015	one of	… 중에 하나
016	I hope (that)	~하기를 바라다
017	think of	…을 생각하다
018	how to ~	~하는 방법
019	a few	다소의, 약간의(수량)
020	try to	~하려 노력하다
021	in the morning	아침에
022	be happy to	~해서 기쁘다
023	Thank you for	…을 고마워하다
024	listen to	…을 듣다
025	one day	(과거의) 어느 날

Unit 01~05

026	at home 집에
027	have a cold 감기에 걸리다
028	get up 일어나다
029	for a long time 오랫동안
030	go out (of) …에서 밖으로 나가다
031	go to school 학교에 가다
032	a member of …의 일원
033	arrive at …에 도착하다
034	come from … 출신이다, …에서 생기다
035	do the dishes 설거지를 하다
036	more than …보다 많은, … 이상으로
037	so ~ that 너무 …해서 ~하다
038	walk to …까지 걷다
039	at that time 그때에
040	go into … 안으로 들어가다
041	What kind of ~? 어떤 종류의 ~?
042	by bike 자전거로
043	as ~ as …와 같이 ~한
044	be born 태어나다
045	go around the world 세계를 일주하다
046	go to bed 잠자리에 들다
047	introduce *A* to *B* A를 B에 소개하다
048	next time 다음에
049	on the Internet 인터넷 상에서
050	at night 밤에

Chapter 1 Check List

051	**look like**	…처럼 보이다
052	**need to**	~할 필요가 있다
053	**have a party**	파티를 열다
054	**many time**	여러 번
055	**by the way**	그런데
056	**some day**	(미래의) 어느 날, 언젠가
057	**be surprised to**	~해서 놀라다
058	**since then**	그때부터
059	**go and**	~하러 가다
060	**I'm afraid ~**	…인 것 같다
061	**I'm sure (that)**	나는 …라고 확신하다
062	**this time**	이번에
063	**most of**	…의 대부분
064	**be in trouble**	곤란에 처해 있다
065	**be full of**	…로 가득 차 있다
066	**be friends with**	…와 친하게 지내다
067	**on your own**	혼자서
068	**be able to**	~할 수 있다
069	**have fun**	재미있게 놀다
070	**both of**	… 양쪽 모두
071	**each of**	…의 각각
072	**give up**	포기하다
073	**How do you like ~?**	…은 어떻습니까?
074	**welcome to**	맞이하다, 환영하다
075	**at the beginning of**	… 초에
076	**far away**	멀리
077	**a piece of cake**	아주 쉬운

078	get off	내리다	
079	more and more	점점 더	
080	sit on	…에 앉다	
081	throw away	…을 버리다	
082	walk around	주위를 걷다, 돌아다니다	
083	next to	… 옆에	
084	be over	끝나다	
085	a couple of	두 개의, 수 개의	
086	these days	요즘	
087	all day (long)	하루 종일	
088	say hello to ~	…에게 안부를 전하다	
089	once a month	한 달에 한 번	
090	look around	둘러보다	
091	I hear (that)	…을 듣다	
092	used to	~하곤 했다	
093	be busy with	~하느라 바쁘다	
094	half of	…의 반	
095	How often ~?	얼마나 자주 ~?	
096	be afraid of	…을 두려워하다	
097	sound like	…처럼 들리다	
098	take a bath	목욕을 하다	
099	a pair of	한 쌍의	
100	take a break	휴식을 취하다	

Memo

Chapter 2

왕초보 필수 영숙어 500은 영어 숙어장이 아닙니다.
Shadow Speaking 332학습을 기반으로 영숙어를 통해
영어를 익히도록 설계된 신개념 학습법입니다.

[기본영숙어]

Idiom 101~335

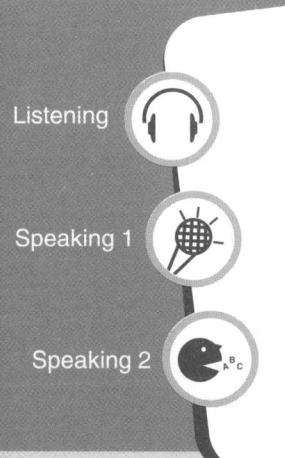

필수 영숙어를 통해 실력 다지기

Idiom 235

학습한 내용은 **Check List**를 통해 자신의
실력을 확인하며 익혀 보세요.

Shadw Speaking 332학습

① 오디어 3번 듣기
② 책을 보며 3번 따라 말하기
③ 책을 보지 않고 2번 따라 말하기

Listening

Speaking 1

Speaking 2

CHAPTER 2

Idiom
101~115

듣기 **12**, 말하기 **13**

101 **above all** 무엇보다도

≒ first of all, more than anything else

Above all, you should keep a promise.
무엇보다도 너는 약속을 지켜야 한다.

* promise 약속

102 **agree with** 동의하다, 적합하다

≒ be of the same mind, suit
cf. **agree to**+사물 : …에 동의하다 ≒ **consent to**+사물

I agree with you.
나는 너에게 동의한다.

Tip with 다음에는 사람이나 사람을 나타내는 말이 온다.

103 **after all** 결국, …에도 불구하고

≒ in the end, in spite of

Tom didn't buy the bag after all.
Tom은 결국 그 가방을 사지 않았다.

104 **after school** 방과 후에

I often go to the library after school.
나는 방과 후에 가끔 그 도서관에 간다.

UNIT 6

105 **all at once** 갑자기

≒ suddenly, all of a sudden, on a sudden

It rained a lot all at once.
갑자기 비가 많이 내렸다.

106 **all but** 거의

≒ almost

The snow all but covered the road.
눈이 그 길을 거의 덮었다.

107 **all of a sudden** 갑자기

≒ suddenly, all at once, on a sudden

He walked to the park all of a sudden.
그는 갑자기 그 공원으로 걸어갔다.

108 **all the way** 계속, 줄곧

I ran all the way to the station.
나는 그 역으로 계속 달렸다.

Tip all the way to는 '…로 계속' 이라는 뜻이고, all the way from은 '…로부터 계속' 이라는 뜻이다.

109 **along with** …와 함께

She will go along with you.
그녀는 너와 함께 갈 것이다.

110 **and so on** 등등, 따위

≒ and so forth, and what not

I like apples, kiwis, grapes, and so on.
나는 사과, 키위, 포도 등을 좋아한다.

Chapter 2 UNIT 6

111 as a result 그 결과

cf. **as a result of** : …의 결과로

As a result, he has to buy a cheap cap.
그 결과, 그는 싼 모자를 사야만 한다.

112 as ~ as possible 가능한 ~하게

≒ **as ~ as one can**

She studied as hard as possible.
그녀는 가능한 열심히 공부했다.

*possible 가능한

Tip as와 as 사이에는 부사의 원급이 온다.

113 as far as ~하는 한, …까지

I went as far as my school.
나는 나의 학교까지 걸었다.

114 as usual 평소에

≒ **usually**

As usual, they had lunch at noon.
평소에 그들은 정오에 점심을 먹었다.

115 ask for …을 요구하다

She asked him for help.
그녀는 그에게 도움을 요구했다.

Tip ask와 for 사이에는 사람이나 인칭대명사의 목적격이 온다.

CHAPTER 2

UNIT 07

Idiom 116~130

Shadow Speaking 332

듣기 / 말하기1 / 말하기2

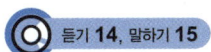 듣기 14, 말하기 15

116 **at any moment** 언제든지

You can use my bike at any moment.
너는 언제든지 나의 자전거를 사용할 수 있다.

117 **at first** 처음에는

He didn't eat spinach at first.
그는 처음에는 시금치를 먹지 않았다.

* spinach 시금치

118 **at first hand** 직접적으로

≒ **directly**
cf. **at second hand** : 간접적으로 ≒ **indirectly**

I heard the news at first hand.
나는 그 소식을 직접 들었다.

119 **at last** 드디어, 결국

≒ **in the end**

Mina passed the exam at last.
미나는 드디어 그 시험에 합격했다.

Idiom 500 • 41

Chapter 2

120. **at least** 적어도, 어쨌든

≒ not less than, at any rate

It takes at least an hour for us to go there.
우리가 거기에 가는데 적어도 1시간은 걸린다.

Tip at least는 문장에서 강조하고자 하는 말 앞에 쓴다.

121. **at once** 즉시, 동시에

≒ immediately, at the same time

Go and see a doctor at once.
즉시 가서 진찰을 받아라.

122. **be about to** 막 ~하려고 하다

≒ be going to, be on the point of -ing

Jane is about to leave here.
Jane은 막 여기를 떠나려고 한다.

Tip to 다음에는 동사원형이 온다.

123. **be accustomed to** …에 익숙하다

≒ be used to

Eric is accustomed to going to bed late.
Eric은 늦게 자는 것에 익숙하다.

Tip 여기서 to는 전치사로 to 다음에는 명사나 동명사(-ing형)가 온다.

124. **be anxious about** 근심하다

≒ be uneasy about

She was anxious about the exam.
그녀는 그 시험에 대해 걱정했다.

UNIT 7

125 be aware of …을 의식하다, 알다

I was fully aware of the fact.
나는 충분히 그 사실을 알고 있었다.

Tip of 다음에는 명사가 오며 동사가 올 경우에는 -ing형을 쓴다.

126 be based on …에 기초[근거]를 두다

His Life is based on his experience.
그의 삶은 그의 경험에 기초를 두고 있다.

127 be covered with …으로 덮여 있다

The mountain is covered with snow.
그 산은 눈으로 덮여 있다.

Tip be covered 뒤에는 by가 아닌 with가 쓰이는 것에 주의한다.

128 be equal to …을 감당할 능력이 있다

≒ have ability for

I am equal to the task.
나는 그 업무를 감당할 능력이 있다.

129 be famous for …로 유명하다

Our school is famous for soccer.
우리 학교는 축구로 유명하다.

130 because of … 때문에

≒ on account of

I was late because of bad weather.
나는 안 좋은 날씨 때문에 늦었다.

Idiom 500 · 43

CHAPTER 2

UNIT 08

Idiom 131~145

Shadow Speaking 332

듣기 / 말하기1 / 말하기2

* 듣기 16, 말하기 17

131 **be filled with** …로 가득 차다
≒ **be full of**
The box is filled with balls.
그 상자는 공들로 가득 찼다.

132 **be good at** …에 능하다
cf. **be poor at** : …에 서툴다
My sister is good at singer.
나의 여동생은 노래를 잘한다.

133 **be late for** …에 늦다
Mr. White was late for the last bus.
White 씨는 그 마지막 버스에 늦었다.

> **Tip** for 다음에는 시간이나 시간표가 온다.

134 **be proud of** …을 자랑스럽게 여기다
≒ **take pride in, pride oneself on**
His father and mother are proud of the son.
그의 아버지와 어머니는 그 아들을 자랑스러워한다.

135 **be responsible for** …을 책임지다
≒ **be in charge of, take charge of**
He isn't responsible for the accident.
그는 그 사고에 대해 책임이 없다.

> **Tip** 물건이나 사건에 책임질 때는 for를, 사람에 대해 책임질 때는 to를 쓴다.

UNIT 8

136 **be similar to** …와 유사하다

Kate is very similar to her mother.
Kate는 그녀의 어머니와 매우 유사하다.

Tip to 다음에는 명사나 대명사가 온다.

137 **be sure to** 반드시 ~하다

Be sure to close the doors.
반드시 그 문들을 닫아라.

138 **before long** 곧, 머지않아

Ted and I will go there before long.
Ted와 나는 곧 거기로 갈 것이다.

139 **behind time** 시간에 늦은

≒ **late**
cf. **behind the times** : 시대에 뒤떨어진 ≒ **out of date**

The bus is five minutes behind time.
그 버스는 5분 늦었다.

140 **belong to** …에 속하다, …의 것이다

This book belongs to me.
이 책은 나의 것이다.

Tip belong은 어떤 물건이 누군가의 소유를 나타낼 때 사용하며 주어로 물건이 온다. 소유대명사를 사용하여 문장을 바꾸어 쓸 수 있다.
ex. This book is mine. 이 책은 나의 것이다.

Chapter 2 — UNIT 8

141 **between *A* and *B*** A와 B 사이에

cf. **among** : (셋 이상일 경우) ~ 사이에

My house is between the park and the library.
나의 집은 그 공원과 그 도서관 사이에 있다.

Tip between은 둘 사이의 관계를 나타낼 때 사용하며, 셋 이상일 경우에는 among을 쓴다.

142 **both *A* and *B*** A와 B 모두

Jack can speak both English and French.
Jack은 영어와 프랑스어를 말할 수 있다.

Tip both *A* and *B*가 주어로 사용될 때는 복수취급한다.

143 **break out** 갑자기 발생하다

≒ occur suddenly

A fire broke out at night.
밤에 화재가 갑자기 발생했다.

144 **bring up** 기르다, 양육하다, 교육하다

≒ raise

She brought up three children.
그녀는 3명의 어린이를 키웠다.

145 **by accident** 우연히

≒ by chance, accidentally

He met her at the museum by accident.
그는 우연히 그 박물관에서 그녀를 만났다.

CHAPTER 2

Idiom
146~160

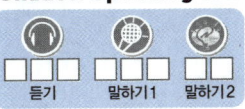

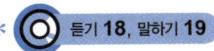

146 **by mistake** 실수로

Jane sent an e-mail to Mark by mistake.
Jane은 실수로 Mark에게 이메일을 보냈다.

147 **by nature** 본래, 날 때부터

≒ naturally, innately

He is kind and outgoing by nature.
그는 본래 친절하고 외향적이다.

* outgoing 외향적인

148 **by oneself** 홀로, 외로이

≒ alone
cf. **for oneself** : 혼자 힘으로, 스스로
　　of itself : 저절로
　　beside oneself : 제 정신이 아닌

I made the cake by myself.
나는 홀로 케이크를 만들었다.

Tip　oneself는 주어의 인칭과 동일하게 써 준다. 주어가 I이면 myself, he이면 himself를 쓴다. 재귀대명사의 경우 1, 2인칭은 소유격을 이용해 만들며, 3인칭은 목적격을 이용해서 만든다.

149 **call back** 전화를 다시하다

I'll call back later.
나는 나중에 전화를 다시 할 것이다.

Chapter 2

150 **call for** 요구하다

≒ demand, require

They called for the bill to the waiter.
그들은 그 웨이터에게 계산서를 요구했다.

151 **call off** 취소하다

≒ cancel

We called off the meeting last weekend.
우리는 지난 주말에 회의를 취소했다.

152 **cannot ~ too** 아무리 ~해도 지나치지 않다

I cannot praise her too much.
그녀는 아무리 칭찬해도 지나치지 않는다.

153 **carry out** 수행하다

We must carry out the plan.
우리는 그 계획을 수행해야 한다.

154 **catch a cold** 감기에 걸리다

I caught a cold yesterday.
나는 어제 감기에 걸렸다.

155 **catch up with** 따라잡다

≒ come up with, overtake

I caught up with her in the park.
나는 그 공원에서 그녀를 따라잡았다.

UNIT 9

156 check in (호텔 등에) 투숙하다, (호텔, 공항 등에) 체크인하다

↔ **check out** : (호텔 등에서) 계산을 마치고 나오다

Which hotel will you check in to?
어느 호텔에 묵을 예정인가요?

157 cheer up 기운이 나다, 기운이 나게 하다

The news cheered them up.
그 소식은 그들을 힘나게 했다.

Tip cheer up 다음에 대명사가 올 경우에는 'cheer+대명사+up'의 순서로 쓴다.

158 come across (우연히) 만나다, 발견하다

≒ **run across, meet by chance**

I came across an old friend.
나는 옛 친구를 우연히 만났다.

159 come by 획득하다, 방문하다

≒ **obtain, visit**

When I have time, I will come by.
내가 시간이 있을 때, 방문할 것이다.

160 come to …가 되다, 회복하다

For a while, Judy came to.
잠시 후 Judy는 회복했다.

CHAPTER 2

UNIT 10

Idiom 161~175

Shadow Speaking 332

 듣기 20, 말하기 21

161 come true 실현되다

My dream will come true.
나의 꿈은 실현될 것이다.

Tip 바라던 꿈이 이루어질 때 사용하며 'come+형용사'는 '~이 되다'라는 뜻이다.

162 come up to 도달하다, 표준에 맞다

cf. come up : 다가오다, 떠오르다

The man came up to me and asked the way to the station.
그 남자는 나에게 와서 역까지 가는 길을 물었다.

163 compare A with B A와 B를 비교하다

I compared my bag with hers.
나는 나의 가방과 그녀의 것을 비교했다.

Tip A와 B에는 동일한 대상군이 온다.

164 consist of …로 구성되다, 이루어지다

≒ be made up of, be composed of
cf. consist in : …에 있다 ≒ lie in, exist in

My team consisted of five.
나의 팀은 5명으로 구성되었다.

UNIT 10

165. cut in 방해하다, 끼어들다
≒ interrupt
She cut in front of me.
그녀가 우리 앞에 끼어들었다.

166. day after day 매일
≒ every day
cf. year after year : 매년
It rained day after day.
비가 매일 내렸다.

167. day and night 밤낮으로
They studied hard day and night.
그들은 밤낮으로 열심히 공부했다.

168. deal with 다루다
≒ treat
He deals fairly with his students.
그는 공평하게 그의 학생들을 다룬다.

169. depend on 믿다, 의지하다
≒ rely on, rest on, fall back on, be dependant on
cf. depend on *A* for *B* : A에게 B를 의존하다
We depend on our experience.
우리는 우리의 경험에 의존한다.

170. do away with 제거하다, 죽이다
≒ abolish, get rid of, destroy
We should do away with those rules.
우리는 저 규칙들을 없애야 한다.

Chapter 2 — UNIT 10

171. **do good** 이익이 되다, 이롭다

↔ **do harm** : 해가 되다

Smoking does you more harm than good.
흡연은 당신에게 이롭기보다는 더 해가 된다.

172. **do one's best** 최선을 다하다

cf. **try one's best** : 전력을 다하다

I'll do my best to win the game.
나는 그 경기에 이기기 위해 최선을 다할 것이다.

Tip do one's best에서 one's는 주어에 맞게 인칭대명사의 소유격을 쓴다.

173. **do one's homework** 숙제를 하다

Mark has to do his homework today.
Mark는 오늘 숙제를 해야만 한다.

174. **do without** …없이 지내다

≒ **dispense with, manage without**

Man can't do without water.
인간은 물 없이 지낼 수 없다.

Tip without 다음에는 명사가 오며 동사가 올 경우에는 -ing형을 쓴다.

175. **each other** 서로

cf. **one another** : (셋 이상) 서로

We helped each other.
우리는 서로 도왔다.

CHAPTER 2

UNIT 11

Idiom 176~190

Shadow Speaking 332

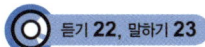 듣기 22, 말하기 23

176 **enough to** …하기에 충분히 ~한

He is rich enough to buy a car.
그는 차를 살만큼 부유하다.

Tip to 다음에는 동사원형이 오며 enough to는 to부정사의 부사적 용법으로 쓰인다.

177 **every day** 매일

cf. **every morning** : 매일 아침
   every year : 매년

I walk to school every day.
나는 매일 걸어서 학교에 간다.

178 **face to face** 얼굴을 맞대고

They sat face to face and looked at each other.
그들은 얼굴을 맞대고 앉아 서로를 쳐다보았다.

179 **fall down** 떨어지다, 넘어지다

He fell down the stairs.
그는 그 계단에서 넘어졌다.

Idiom 500 • 53

Chapter 2

180 **fall short of** …이 부족하다, 못 미치다

The arrow fell short of the mark.
그 화살은 과녁에 미달했다.

181 **far from** …에서 먼

My house is far from the station.
나의 집은 그 역에서 멀리 있다.

182 **feel like -ing** ~하고 싶다

≒ feel inclined to

I feel like swimming in the lake.
나는 그 호수에서 수영을 하고 싶다.

Tip like는 동사가 아닌 전치사로 사용되었으며 그 뒤에는 명사나 동명사(-ing형)가 온다.

183 **find fault with** …을 비난하다

≒ criticize

Don't find fault with the work of others.
다른 사람들의 일을 비난하지 마라.

*fault 결점

184 **find out** 발견하다

They finally found out the answer.
그들은 결국 그 답을 찾았다.

UNIT 11

185. **first of all** 무엇보다도

≒ above all, before anything else

First of all, wash your hands.
무엇보다도 손을 씻어라.

Tip first of all은 문장 앞이나 문장 뒤에 모두 올 수 있다.

186. **for a time** 잠시 동안

≒ for a while

Jenny walked in the park for a time.
Jenny는 잠시 동안 그 공원에서 걸었다.

187. **for certain** 틀림없이

≒ certainly

She will be at the library today for certain.
그녀는 오늘 틀림없이 그 도서관에 있을 것이다.

188. **for example** 예를 들어

≒ for instance

We have to study many things, for example, English, math and science.
우리는 많은 것을 공부해야 한다. 예로 영어, 수학 그리고 과학이 있다.

189. **for lunch** 점심 식사로

We had a salad for lunch.
우리는 점심 식사로 샐러드를 먹었다.

190. **for nothing** 헛되이, 이유 없이, 공짜로

≒ in vain, without reason, without payment

You can enter the gallery for nothing.
당신은 공짜로 그 미술관에 들어갈 수 있다.

CHAPTER 2

UNIT 12

Idiom 191~205

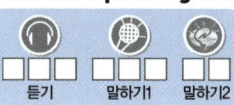

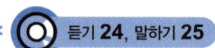

191 **for oneself** 스스로, 혼자 힘으로

I did my homework for myself.
나는 스스로 숙제를 했다.

Tip oneself는 주어의 인칭과 동일하게 써 준다.

192 **for one's life** 필사적으로

≒ desperately
He ran to the house for his life.
그는 필사적으로 그 집으로 뛰었다.

193 **for the first time** 처음으로

The children saw a koala for the first time.
그 어린이들은 처음으로 코알라를 보았다.

194 **for the purpose of** …을 할 목적으로

≒ with the aim of
He went to France for the purpose of studying art.
그는 미술을 공부하기 위해 프랑스로 갔다.

* purpose 목적

Tip of 다음에는 명사가 오며 동사가 올 경우에는 -ing형이 온다.

UNIT 12

195. **for the time being** 당분간

I will close the doors for the time being.
나는 당분간 그 문들을 닫을 것이다.

196. **from A to B** A에서 B까지

It takes ten minutes from here to my house.
여기서 나의 집까지 10분 걸린다.

Tip A와 B에는 시간이나 장소를 나타내는 말이 온다.

197. **from now on** 지금부터

From now on I will study hard.
나는 지금부터 열심히 공부할 것이다.

198. **from time to time** 때때로

≒ occasionally, once in a while
I met her from time to time.
나는 때때로 그녀를 만났다.

199. **get along with** 사이좋게 지내다

cf. **get along** : 살아가다
I get along with my classmates.
나는 반 친구들과 사이좋게 지낸다.

200. **get away** 도망치다, 떠나다

≒ escape
He got away from the bees.
그는 그 벌들로부터 도망쳤다.

Idiom 500 · 57

Chapter 2

UNIT 12

201 **get better** 좋아지다

≒ **become better**
cf. **get worse** : 악화하다 ≒ **become worse**

I hope my mother will get better soon.
나는 나의 어머니의 건강이 곧 좋아지기를 바란다.

202 **get on** 타다

cf. **get off** : 내리다

I got on the train at Seoul Station.
나는 서울역에서 그 기차를 탔다.

203 **get rid of** 제거하다, 없애다

≒ **eliminate**

It is difficult to get rid of a bad habit.
나쁜 습관을 없애는 것은 어렵다.

204 **get to** 도착하다

≒ **reach, arrive at**

How can I get to the museum?
그 박물관에 어떻게 가나요?

Tip to 다음에는 장소를 나타내는 말이 온다.

205 **get used to** …에 익숙해지다

≒ **get accustomed to**

Did you get used to your new school?
너의 새 학교에 익숙해졌니?

Tip to 다음에는 명사나 동명사(-ing형)가 온다.

CHAPTER 2

UNIT 13

Idiom 206~220

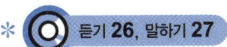

206 **go abroad** 해외에 가다

I want to go abroad some day.
나는 언젠가 해외에 가고 싶다.

Tip go abroad에서 abroad 앞에 to를 쓰지 않는다는 것에 주의한다.
(go to abroad ×)

207 **go across** 건너다

Eric went across the river.
Eric은 그 강을 건넜다.

Tip across 다음에는 거리나 강과 같은 말이 온다.

208 **go ahead** 계속하다, 전진하다, 먼저 가다

≒ continue, advance, go first
Jim went straight ahead.
Jim은 곧장 전진했다.

209 **go around** 돌다

The earth goes around the sun.
지구는 태양을 돈다.

Idiom 500 · 59

Chapter 2

210　**go for a walk** 산보하다, 산책하다

≒ take a walk

My mom goes for a walk every morning.
나의 엄마는 매일 아침 산책을 한다.

211　**go on** 계속하다

≒ continue

Jack goes on talking about his trip.
Jack은 그의 여행에 대해 계속 이야기를 한다.

Tip on 다음에는 동사의 -ing형이 온다.

212　**go on a trip** 여행가다

Suji will go on a trip next month.
수지는 다음 달에 여행을 갈 것이다.

213　**hand in hand** 손을 마주 잡고

They walked hand in hand.
그들은 손을 마주 잡고 걸었다.

214　**have a good time** 즐겁게 보내다

Did you have a good time last weekend?
너는 지난 주말을 즐겁게 보냈니?

UNIT 13

215 · help oneself (to) …을 마음껏 먹다

Please help yourself.
마음껏 드세요.

Tip to 다음에는 음식이 온다.

216 · hurry up 서두르다

Hurry up, and you will catch the train.
서둘러라, 그러면 너는 그 기차를 탈 수 있다.

217 · How many times ~? 몇 번 ~?

How many times do you clean your room a week? 일주일에 당신의 방을 몇 번 청소하나요?

218 · in brief 요컨대

≒ briefly, in short
In brief I like pizza the most.
요컨대 나는 피자를 가장 좋아한다.

219 · in comparison with …와 비교하여

The houses are small in comparison with the buildings of Seoul. 그 집들은 서울의 건물과 비교하여 작다.

220 · in fact 사실

≒ as a matter of fact
In fact, this story is very interesting.
사실, 이 이야기는 매우 재미있다.

CHAPTER 2

Idiom 221~235

※ 듣기 **28**, 말하기 **29**

221 **in front of** … 앞에

↔ **in back of, behind** : …뒤에

There is a bus stop in front of the bakery.
그 빵집 앞에 버스 정류장이 있다.

222 **in general** 대개, 일반적으로

≒ **as a rule, usually**

In general, social studies is boring.
일반적으로 사회 과목은 지루하다.

223 **in need** 빈곤한, 곤경에 처해 있는

A friend in need is a friend indeed.
어려울 때의 친구가 진정한 친구이다.

＊indeed 참으로, 정말

224 **in one's opinion** …의 의견으로는

In my opinion, Cathy was wise.
나의 견해로는 Cathy는 현명했다.

＊opinion 의견, 견해

UNIT 14

225 **in particular** 특히

I remember the boy in particular.
나는 특히 그 소년을 기억한다.

226 **in place** 적소에, 적당한

↔ **out of place** : 알맞은 자리에 있지 않은, 부적당한
Everything was in place.
모든 것이 알맞은 자리에 있었다.

227 **in place of** …의 대신에

I will go to the meeting in place of my mother.
나는 나의 어머니 대신 그 회의에 갈 것이다.

228 **in private** 개인적으로

≒ privately, not in public
I want to speak to you in private.
나는 개인적으로 너에게 말하기를 원한다.

229 **in public** 공공연히, 다른 사람들 앞에서

↔ **in private** : 사적으로
I talked about the problem in public.
나는 공공연히 그 문제에 대해 이야기했다.

230 **in reality** 사실

≒ really
He was in reality rich.
그는 사실 부유하다.

Chapter 2 — UNIT 14

231 **in short** 간단히 말해

≒ in a word

In short, the man is a liar.
간단히 말해서, 그 남자는 거짓말쟁이다.

232 **in sight** 보이는

≒ able to be seen
↔ out of sight : 안 보이는 ≒ unable to be seen

The train was still far in sight.
그 기차는 여전히 멀리 보였다.

233 **in spite of** …에도 불구하고

≒ despite

Tom failed in spite of his efforts.
Tom은 그의 노력에도 불구하고 실패했다.

＊effort 노력

234 **in the end** 결국, 마침내

≒ at last, finally

In the end, he succeeded in climbing the mountain.
결국 그는 등산에 성공했다.

＊succeed in 성공하다

235 **in the future** 미래에

What do you want to be in the future?
너는 미래에 무엇이 되기를 원하니?

CHAPTER 2

UNIT 15

Idiom 236~250

236 **in time** 제 시간에, 조만간

≒ **early enough** : 제 시간에
≒ **sooner or later** : 조만간, 머지않아

David arrived in time.
David는 제 시간에 도착했다.

237 **in turn** 차례로

We get off the bus in turn.
우리는 차례로 그 버스에서 내린다.

238 **in vain** 헛되이

Jenny tried it, but in vain.
Jenny는 노력했지만, 헛되었다.

239 **inquire after** 안부를 묻다

cf. **inquire into** : 조사하다 ≒ **investigate**
inquire of : 묻다 ≒ **ask**

I inquired after her.
나는 그녀의 안부를 물었다.

Chapter 2

240 **instead of** … 대신에

I had to work instead of my brother.
나는 나의 형 대신에 열심히 일해야만 했다.

241 **It takes (to)** 시간이 걸리다

It takes 20 minutes to walk to the park.
그 공원까지 걸어서 20분 걸린다.

Tip takes 다음에는 시간이 오며 to 다음에는 동사원형이 온다.

242 **keep in mind** 명심하다, 기억하다

≒ remember

Keep my words in mind.
내 말을 명심해라.

243 **keep (on)** 계속하다

≒ continue

They kept on talking for hours.
그들은 몇 시간 동안 이야기를 계속했다.

Tip keep 다음에는 동명사가 오며 on은 생략이 가능하다.

244 **keep one's promise** 약속을 지키다

≒ keep one's word
↔ break one's promise : 약속을 어기다

I always keep my promise.
나는 항상 약속을 지킨다.

UNIT 15

245 **leave for** …으로 떠나다

I'll leave for New York next month.
나는 다음 달에 뉴욕으로 떠날 것이다.

Tip for 다음에는 가고자 하는 장소가 온다.

246 **long ago** 옛날에

≒ a long time ago, once upon a time

Long ago, there lived an honest man.
옛날에 정직한 사람이 살았다.

247 **long for** 갈망하다

As time goes on, I long for home.
시간이 흐를수록 나는 집이 그리워진다.

248 **look after** 돌보다

≒ take care of, care for

She looked after the baby.
그녀는 그 아기를 돌봤다.

249 **look down on** 멸시하다

≒ despise
↔ **look up to** : 존경하다

Don't look down on poor people.
가난한 사람들을 멸시하지 마라.

250 **look for** 찾다

≒ search for

I'm looking for a dictionary.
나는 사전을 찾고 있다.

CHAPTER 2

UNIT 16

Idiom 251~265

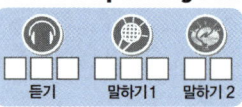

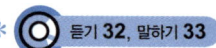

251 **look forward to** 고대하다

≒ anticipate

We are looking forward to the trip.
우리는 그 여행을 기대하고 있다.

Tip to 다음에는 명사가 오며 동사가 올 경우에는 동명사(-ing형)가 온다.

252 **look out** 조심하다

≒ be careful

Look out! Here comes the car.
조심해! 차가 오고 있어.

253 **look up to** 존경하다, 우러러보다

↔ look down on : 멸시하다

I looked up to the lawyer.
나는 그 변호사를 존경했다.

254 **lose one's temper** 성을 내다

≒ get angry

Kate never loses her temper.
Kate는 결코 화를 내지 않는다.

*temper 기분

Tip one's는 주어에 맞게 인칭대명사의 소유격을 쓴다.

UNIT 16

255 make a mistake 실수하다

Don't be afraid of making a mistake.
실수를 두려워하지 마라.

256 make friends with …와 친구가 되다

Jim can make friends with anyone.
Jim은 누구와도 친구가 될 수 있다.

257 make fun of 비웃다, 조롱하다

We must not make fun of his idea.
우리는 그의 생각을 비웃어서는 안 된다.

258 make out 이해하다, 성공하다

≒ understand, succeed

Dan will make out in that job.
Dan은 그 직업에서 성공할 것이다.

259 make sure 확인하다, 확실히 하다

Make sure to turn off the light.
불을 확실히 꺼라.

260 make up 화해하다, 화장하다

I made up with him.
나는 그와 화해했다.

Chapter 2

UNIT 16

261. **make up for** 보충하다, 보상하다

He had to work hard to make up for lost time.
그는 잃어버린 시간을 채우기 위해 열심히 일해야 했다.

262. **make use of** …을 이용하다

cf. **make the best use of** : …을 최대로 이용하다

We made use of all our information.
우리는 우리의 모든 정보를 이용했다.

263. **next to none** 최고의

≒ the best, second to none
cf. **next to nothing** : 거의 아무 것도 아닌 ≒ **almost nothing**

He is next to none in his class.
그는 그의 반에서 최고이다.

264. **no longer** 더 이상 …이 아닌

≒ not ~ any longer

I am no longer a child.
나는 더 이상 어린이가 아니다.

265. **no more than** 겨우

≒ only
cf. **no less than** : … 만큼이나 ≒ **as much[many] as**

I know no more than that.
나는 겨우 저것밖에 모른다.

CHAPTER 2

UNIT 17

Idiom 266~280

Shadow Speaking 332

266 **not A but B** A가 아니라 B

He is not my father but my uncle.
그는 나의 아버지가 아니라 나의 삼촌이다.

Tip A와 B에는 서로 대등관계의 말이 온다.

267 **not more than** 기껏해야

≒ at most
cf. **not less than** : 적어도 ≒ at least

There were not more than ten people.
기껏 해야 10명이 있었다.

268 **not ~ any more** 더 이상 …이 아니다

≒ no more

We can't run any more.
우리는 더 이상 달릴 수가 없다.

269 **nothing but** 겨우, …뿐

≒ only

There is nothing but a tree in the park.
그 공원에는 단지 나무 한 그루가 있다.

Chapter 2

270 now and then 가끔

≒ occasionally, from time to time

Johnson goes to the gallery now and then.
Johnson은 가끔 그 미술관에 간다.

271 of itself 저절로

The door closed of itself.
그 문은 저절로 닫혔다.

272 off duty 비번의

cf. **on duty** : 당번의

He is off duty.
그는 비번이다.(쉬는 날이다.)

273 on and on 계속하여

The soldiers walked on and on.
그 병사들은 계속해서 걸었다.

274 on one's way (to) ~하는 도중에

≒ **on the way (to)**

I met her on my way to school.
나는 학교 가는 도중에 그녀를 만났다.

Tip to 뒤에는 장소를 나타내는 말이 오며 home과 같은 부사가 올 경우에는 to를 쓰지 않는다.

UNIT 17

275. on purpose 일부러, 고의로

≒ purposely, intentionally

He broke the window on purpose.
그는 일부러 그 창문을 깼다.

276. on time 시간에 맞게, 정각에

We started the meeting on time.
우리는 정각에 그 회의를 시작했다.

277. on the other hand 한편, 반면에

On the other hand, the Internet is very useful.
한편, 인터넷은 매우 유용하다.

278. or so … 정도, 약

≒ more or less, about

There were twenty or so people in the meeting.
그 회의에 20명 정도의 사람들이 있었다.

279. out of date 구식의

≒ old-fashioned
cf. up to date : 최신식의 ≒ modern

This jacket is out of date.
이 재킷은 구식이다.

280. over there 저 너머에

I see a pond over there.
나는 저 너머에 연못이 보인다.

Idiom 500 · 73

CHAPTER 2

UNIT 18

Idiom 281~295

Shadow Speaking 332

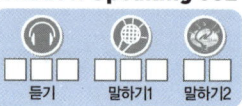

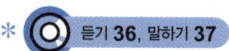 듣기 36, 말하기 37

281 out of order 고장이 난

This radio is out of order.
이 라디오는 고장이 났다.

282 out of sight 보이지 않는

↔ **in sight** : 보이는

His father put his present out of sight.
그의 아버지는 그의 선물을 보이지 않는 곳에 놓았다.

283 over and over 여러 번

≒ **again and again, repeatedly**

Read the book over and over again.
그 책을 여러 번 다시 읽어라.

284 pay attention to …에 주의하다

We must pay attention to her words.
우리는 그녀의 말에 주의해야 한다.

＊attention 주의

UNIT 18

285 pick up 집다, 얻다, 회복하다, 태워주다

≒ lift up from a surface

I picked up a cap.
나는 모자를 집었다.

286 play a role 역할을 하다

≒ play a part

He played an important role.
그는 중요한 역할을 했다.

287 point to 지적하다, 가리키다

Ann and I point to the big tree.
Ann과 나는 그 큰 나무를 가리킨다.

288 provide A with B A에게 B를 제공하다

I provide the plants with water every morning.
나는 매일 아침 그 식물들에게 물을 준다.

Tip A에는 사람이나 생물이 오며 B에는 사물이 온다.

289 put off 연기하다

≒ postpone

We decided to put off the party.
우리는 그 파티를 연기하기로 결정했다.

290 put on 입다

↔ take off : 벗다

He put on his jacket.
그는 그의 재킷을 입었다.

Chapter 2

UNIT 18

291 **put on weight** 체중이 늘다
≒ **gain weight**
↔ **lose weight** : 체중이 줄다

I must put on weight now.
나는 지금 체중을 늘려야 한다.

292 **put out** (불을) 끄다
≒ **extinguish**

I put the light out.
나는 전등을 껐다.

293 **put up with** 참다
≒ **endure, tolerate**

I put up with his rude action.
나는 그의 무례한 행동을 참았다.

294 **quite a few** 적지 않은, 많은
≒ **many**
cf. **only a few** : 매우 적은 ≒ **very few**

I have quite a few books.
나는 많은 책을 갖고 있다.

295 **rain cats and dogs** 비가 억수같이 쏟아지다
≒ **rain heavily**

It rained cats and dogs yesterday.
어제 비가 억수같이 쏟아졌다.

CHAPTER 2

UNIT 19

Idiom 296~310

Shadow Speaking 332

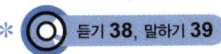 듣기 38, 말하기 39

296 refer to 언급하다, 참조하다

He did not refer to this matter.
그는 이 문제를 언급하지 않았다.

297 rely on …에 의존하다, 믿다

≒ depend on

I sometimes rely on my mother.
나는 때때로 나의 엄마에게 의존한다.

298 remind *A* of *B* A에게 B를 생각나게 하다

She reminds me of my mother.
그녀는 나에게 나의 어머니를 생각나게 한다.

299 run across 우연히 만나다

≒ meet by accient

I ran across my teacher.
나는 우연히 나의 선생님을 만났다.

Chapter 2

300 run away 달아나다
≒ flee
The rabbits run away.
그 토끼들이 달아난다.

301 search for …을 찾다
≒ look for
Sora searched for the lost dog.
소라는 그 잃어버린 개를 찾아다녔다.

302 set up 세우다, 설립하다
≒ establish
John set up the factory last year.
John은 작년에 그 공장을 세웠다.

303 show off 자랑하다
I sometimes show off my talent.
나는 때때로 나의 재능을 자랑한다.
*talent 재능

304 show up 나타나다
≒ appear, turn up
Ann didn't show up for the meeting.
Ann은 그 회의에 나타나지 않았다.

UNIT 19

305. sooner or later 조만간에
≒ in time
I want to meet her sooner or later.
나는 조만간에 그녀를 만나기를 원한다.

306. stand by 지지하다, …을 편들다
≒ support
He is sure to stand by me.
그는 나를 지지하는 것이 확실하다.

307. stand for 나타내다, 상징하다
≒ represent
NY stands for New York. NY는 뉴욕을 나타낸다.

308. succeed in 성공하다
cf. succeed to : 계승하다, 상속하다
The scientist succeeded in making a robot.
그 과학자는 로봇 만드는 것에 성공했다.

309. suffer from …로 고통 받다, …로 고생하다
Mr. Smith is suffering from a headache.
Smith 씨는 두통으로 고생하고 있다.

310. take after …을 닮다
≒ resemble
Tom takes after his father.
Tom은 그의 아버지를 닮았다.

CHAPTER 2

UNIT 20

Idiom 311~325

Shadow Speaking 332

듣기 / 말하기1 / 말하기2

* 듣기 **40**, 말하기 **41**

311 **take a look at** …을 보다

≒ look at, have a look at
They took a look at the lake.
그들은 그 호수를 보았다.

312 **take a picture** 사진을 찍다

We went to New York and took pictures.
우리는 뉴욕에 가서 사진을 찍었다.

313 **take care of** 돌보다

≒ look after, care for
My mom takes care of me.
나의 엄마가 나를 돌본다.

314 **take it easy** 진정하다, (마음을) 편히 가지다

He wants to take it easy.
그는 편히 있기를 원한다.

80 · Shadow Speaking 332

UNIT 20

315 **take off** 벗다, 이륙하다

↔ **put on** : 입다
↔ **land** : 착륙하다

Take off your hat and sit down.
너의 모자를 벗고 앉아라.

316 **take out** 가지고 가다, 꺼내다

Nick took out a book from his bag.
Nick은 그의 가방에서 책을 꺼냈다.

317 **take part in** 참가하다

≒ **participate in**

The man took part in the marathon race.
그 남자는 그 마라톤 경주에 참가했다.

318 **take place** 일어나다, 발생하다

≒ **happen**
cf. **take the place of** : …을 대신하다

An earthquake took place yesterday.
어제 지진이 발생했다.

319 **take turns** 번갈아 하다

They took turns in playing the piano.
그들은 피아노를 번갈아 쳤다.

320 **thanks to** … 덕분에, … 때문에

≒ **owing to, due to**

I solved the problem thanks to your help.
나는 너의 도움으로 그 문제를 해결했다.

Idiom 500 · 81

Chapter 2 UNIT 20

321 **the other day** 일전에, 며칠 전

≒ a few days ago

I went to the zoo the other day.
나는 며칠 전에 그 동물원에 갔었다.

322 **think over** 곰곰이 생각하다

He thought over his future last night.
그는 지난밤에 그의 미래에 대해 곰곰이 생각했다.

323 **time after time** 몇 번이고, 여러 번

James sang the song time after time.
James는 그 노래를 여러 번 불렀다.

324 **try on** 입어보다, 시험해 보다

Can I try on the pants?
그 바지를 입어봐도 될까요?

325 **turn down** 거절하다

≒ reject

We turned down Tom's suggestion.
우리는 Tom의 제안을 거절했다.

CHAPTER 2

UNIT 21

Idiom 326~335

Shadow Speaking 332

326 **turn off** 끄다

She turned the light off and went out.
그녀는 불을 끄고 외출했다.

327 **turn on** 켜다

Eric turned on the light and wrote in the diary.
Eric은 불을 켜고 일기를 썼다.

328 **wait for** 기다리다

≒ await

I am waiting for Tom.
나는 Tom을 기다리고 있다.

329 **wake up** 일어나다

I woke up at six this morning.
나는 오늘 아침 6시에 일어났다.

330 **watch out** 조심하다

Please watch out for cars.
차 조심하세요.

Tip 조심해야 하는 대상이 나올 때는 for를 붙여서 사용한다.

Chapter 2 — UNIT 21

331 **well off** 유복한, 부유한

≒ rich, well-to-do
↔ **badly off** : 가난한

Dan was well off when he was a child.
Dan은 그가 어렸을 때 부유했다.

322 **with a smile** 웃으면서

She came into the classroom with a smile.
그녀는 웃으면서 그 교실로 들어왔다.

323 **worry about** …에 대해 걱정하다

John began to worry about his dog.
John은 그의 개를 걱정하기 시작했다.

324 **write to** …에게 편지를 쓰다

I'll write to you again soon.
나는 너에게 곧 다시 편지를 쓸 것이다.

Tip to 다음에는 사람을 나타내는 말이 온다.

325 **year after year** 해마다, 매년

I visited the gallery year after year.
나는 매년 그 미술관을 방문했다.

Practice Unit 06~10

주어진 우리말을 참고하여 알맞은 말을 고르세요.

1. (Above, After) all, you should keep a promise. p.38
   무엇보다도

2. I often go to the library (about, after) school. p.38
   방과 후에

3. The snow all (and, but) covered the road. p.39
   거의

4. She will go along (with, for) you. p.39
   …와 함께

5. She asked him (for, from) help. p.40
   …을 요구하다

6. He didn't eat spinach at (second, first). p.41
   처음에는

7. Eric is accustomed (for, to) bed late. p.42
   …에 익숙하다

8. The mountain is covered (in, with) snow. p.43
   …으로 덮여 있다

9. Ted and I will go to there (before, after) long. p.45
   곧, 머지않아

10. My sister is good (at, about) singer. p.44
    …에 능하다

Practice

Unit 06~10

11. This book belongs (to, in) me. p.45
…의 것이다

12. He isn't responsible (at, for) the accident. p.44
…을 책임지다

13. Kate is very similar (in, to) her mother. p.45
…와 유사하다

14. Jack can speak (both, each) English and French. p.46
A와 B 모두

15. She brought (with, up) three children. p.46
기르다, 양육하다

16. We called (off, on) the meeting last weekend. p.48
취소하다

17. I caught (up with, up out) her in the park. p.48
따라잡다

18. Which hotel will you check (in, out) to? p.49
투숙하다

19. I came (across, in) an old friend. p.49
우연히 만나다

20. We depend (by, on) our experience. p.51
의지하다

21. Man can't (do, have) without water. p.52
…없이 지내다

Practice 3 Unit 11~21

🎯 주어진 우리말을 참고하여 알맞은 말을 고르세요.

1. He was (on, in) reality rich. p.63
   그는 사실 부유하다.

2. Tom failed in spite (of, about) his efforts. p.64
   Tom은 그의 노력에도 불구하고 실패했다.

3. I had to work instead (with, of) my brother. p.66
   나는 나의 형 대신에 열심히 일해야만 했다.

4. I inquired (after, into) her. p.65
   나는 그녀의 안부를 물었다.

5. Keep my words (at, in) mind. p.66
   내 말을 명심해라.

6. Don't look down (to, on) poor people. p.67
   가난한 사람들을 멸시하지 마라.

7. We are looking forward (by, to) the trip. p.68
   우리는 그 여행을 기대하고 있다.

8. Dan will make (without, out) in that job. p.69
   Dan은 그 직업에서 성공할 것이다.

9. He is (off, on) duty. p.72
   그는 비번이다.(쉬는 날이다.)

10. We started the meeting (on, for) time. p.73
    우리는 정각에 그 회의를 시작했다.

Practice 3

Unit 11~21

11. This radio is (**out of**, into) order. p.74
이 라디오는 고장이 났다.

12. We must pay attention (**to**, in) her words. p.74
우리는 그녀의 말에 주의해야 한다.

13. We decided to put (about, **off**) the party. p.75
우리는 그 파티를 연기하기로 결정했다.

14. He put (out, **on**) his jacket. p.75
그는 그의 재킷을 입었다.

15. I put up (at, **with**) his rude action. p.76
나는 그의 무례한 행동을 참았다.

16. He did not refer (**to**, of) this matter. p.77
그는 이 문제를 언급하지 않았다.

17. The rabbits run (**away**, off). p.78
그 토끼들이 달아난다.

18. I sometimes show (on, **off**) my talent. p.78
나는 때때로 나의 재능을 자랑한다.

19. NY stands (by, **for**) New York. p.79
NY는 뉴욕을 나타낸다.

20. My mom takes care (**of**, about) me. p.80
나의 엄마가 나를 돌본다.

21. John began to worry (to, **about**) his dog. p.84
John은 그의 개를 걱정하기 시작했다.

Chapter 2 Check List

★ Chapter 2에서 배운 숙어들을 익혀 보세요.

101	☐☐ **above all**	무엇보다도
102	☐☐ **agree with**	동의하다, 적합하다
103	☐☐ **after all**	결국, …에도 불구하고
104	☐☐ **after school**	방과 후에
105	☐☐ **all at once**	갑자기
106	☐☐ **all but**	거의
107	☐☐ **all of a sudden**	갑자기
108	☐☐ **all the way**	계속, 줄곧
109	☐☐ **along with**	…와 함께
110	☐☐ **and so on**	등등, 따위
111	☐☐ **as a result**	그 결과
112	☐☐ **as ~ as possible**	가능한 ~하게
113	☐☐ **as far as**	~하는 한, …까지
114	☐☐ **as usual**	평소에
115	☐☐ **ask for**	…을 요구하다
116	☐☐ **at any moment**	언제든지
117	☐☐ **at first**	처음에는
118	☐☐ **at first hand**	직접적으로
119	☐☐ **at last**	드디어, 결국
120	☐☐ **at least**	적어도, 어쨌든
121	☐☐ **at once**	즉시, 동시에
122	☐☐ **be about to**	막 ~하려고 하다
123	☐☐ **be accustomed to**	…에 익숙하다
124	☐☐ **be anxious about**	근심하다
125	☐☐ **be aware of**	…을 의식하다, 알다

Chapter ② Check List

126	be based on	…에 기초[근거]를 두다
127	be covered with	…으로 덮여 있다
128	be equal to	…을 감당할 능력이 있다
129	be famous for	…로 유명하다
130	because of	…때문에
131	be filled with	…로 가득 차다
132	be good at	…에 능하다
133	be late for	…에 늦다
134	be proud of	…을 자랑스럽게 여기다
135	be responsible for	…을 책임지다
136	be similar to	…와 유사하다
137	be sure to	반드시 ~하다
138	before long	곧, 머지않아
139	behind time	시간에 늦은
140	belong to	…에 속하다, …의 것이다
141	between A and B	A와 B 사이에
142	both A and B	A와 B 모두
143	break out	갑자기 발생하다
144	bring up	기르다, 양육하다, 교육하다
145	by accident	우연히
146	by mistake	실수로
147	by nature	본래, 날 때부터
148	by oneself	홀로, 외로이
149	call back	전화를 다시하다
150	call for	요구하다
151	call off	취소하다
152	cannot ~ too	아무리 ~해도 지나치지 않다

153	☐☐	**carry out**	수행하다
154	☐☐	**catch a cold**	감기에 걸리다
155	☐☐	**catch up with**	따라잡다
156	☐☐	**check in**	(호텔 등에)투숙하다, (호텔, 공항 등에)체크인하다
157	☐☐	**cheer up**	기운이 나다, 기운이 나게 하다
158	☐☐	**come across**	(우연히)만나다, 발견하다
159	☐☐	**come by**	획득하다, 방문하다
160	☐☐	**come to**	…가 되다, 회복하다
161	☐☐	**come true**	실현되다
162	☐☐	**come up to**	도달하다, 표준에 맞다
163	☐☐	**compare A with B**	A와 B를 비교하다
164	☐☐	**consist of**	…로 구성되다, 이루어지다
165	☐☐	**cut in**	방해하다, 끼어들다
166	☐☐	**day after day**	매일
167	☐☐	**day and night**	밤낮으로
168	☐☐	**deal with**	다루다
169	☐☐	**depend on**	믿다, 의지하다
170	☐☐	**do away with**	제거하다, 죽이다
171	☐☐	**do good**	이익이 되다, 이롭다
172	☐☐	**do one's best**	최선을 다하다
173	☐☐	**do one's homework**	숙제를 하다
174	☐☐	**do without**	…없이 지내다
175	☐☐	**each othe**	서로
176	☐☐	**enough to**	…하기에 충분히 ~한
177	☐☐	**every day**	매일
178	☐☐	**face to face**	얼굴을 맞대고
179	☐☐	**fall down**	떨어지다, 넘어지다

Chapter 9 Check List

180	☐☐	**fall short of**	…이 부족하다, 못미치다
181	☐☐	**far from**	…에서 먼
182	☐☐	**feel like -ing**	~하고 싶다
183	☐☐	**find fault with**	…을 비난하다
184	☐☐	**find out**	발견하다
185	☐☐	**first of all**	무엇보다도
186	☐☐	**for a time**	잠시 동안
187	☐☐	**for certain**	틀림없이
188	☐☐	**for example**	예를 들어
189	☐☐	**for lunch**	점심 식사로
190	☐☐	**for nothing**	헛되이, 이유 없이, 공짜로
191	☐☐	**for oneself**	스스로, 혼자 힘으로
192	☐☐	**for one's life**	필사적으로
193	☐☐	**for the first time**	처음으로
194	☐☐	**for the purpose of**	…을 할 목적으로
195	☐☐	**for the time being**	당분간
196	☐☐	**from *A* to *B***	A에서 B까지
197	☐☐	**from now on**	지금부터
198	☐☐	**from time to time**	때때로
199	☐☐	**get along with**	사이좋게 지내다
200	☐☐	**get away**	도망치다, 떠나다
201	☐☐	**get better**	좋아지다
202	☐☐	**get on**	타다
203	☐☐	**get rid of**	제거하다, 없애다
204	☐☐	**get to**	도착하다
205	☐☐	**get used to**	…에 익숙해지다
206	☐☐	**go abroad**	해외에 가다

207	go across	건너다
208	go ahead	계속하다, 전진하다, 먼저 가다
209	go around	돌다
210	go for a walk	산보하다, 산책하다
211	go on	계속하다
212	go on a trip	여행가다
213	hand in hand	손을 마주 잡고
214	have a good time	즐겁게 보내다
215	help oneself (to)	…을 마음껏 먹다
216	hurry up	서두르다
217	How many times ~?	몇 번 ~?
218	in brief	요컨대
219	in comparison with	…와 비교하여
220	in fact	사실
221	in front of	… 앞에
222	in general	대개, 일반적으로
223	in need	빈곤한, 곤경에 처해 있는
224	in one's opinion	…의 의견으로는
225	in particular	특히
226	in place	적소에, 적당한
227	in place of	…의 대신에
228	in private	개인적으로
229	in public	공공연히, 다른 사람들 앞에서
230	in reality	사실
231	in short	간단히 말해
232	in sight	보이는
233	in spite of	…에도 불구하고

Chapter ❷ Check List

234	☐☐ **in the end** 결국, 마침내
235	☐☐ **in the future** 미래에
236	☐☐ **in time** 제 시간에, 조만간
237	☐☐ **in turn** 차례로
238	☐☐ **in vain** 헛되이
239	☐☐ **inquire after** 안부를 묻다
240	☐☐ **instead of** ··· 대신에
241	☐☐ **It takes (to)** 시간이 걸리다
242	☐☐ **keep in mind** 명심하다, 기억하다
243	☐☐ **keep (on)** 계속하다
244	☐☐ **keep one's promise** 약속을 지키다
245	☐☐ **leave for** ···으로 떠나다
246	☐☐ **long ago** 옛날에
247	☐☐ **long for** 갈망하다
248	☐☐ **look after** 돌보다
249	☐☐ **look down on** 멸시하다
250	☐☐ **look for** 찾다
251	☐☐ **look forward to** 고대하다
252	☐☐ **look out** 조심하다
253	☐☐ **look up to** 존경하다, 우러러보다
254	☐☐ **lose one's temper** 성을 내다
255	☐☐ **make a mistake** 실수하다
256	☐☐ **make friends with** ···와 친구가 되다
257	☐☐ **make fun of** 비웃다, 조롱하다
258	☐☐ **make out** 이해하다, 성공하다
259	☐☐ **make sure** 확인하다, 확실히 하다
260	☐☐ **make up** 화해하다, 화장하다

Unit 01~05

261	make up for	보충하다, 보상하다	
262	make use of	…을 이용하다	
263	next to none	최고의	
264	no longer	더 이상 …이 아닌	
265	no more than	겨우	
266	not A but B	A가 아니라 B	
267	not more than	기껏해야	
268	not ~ any more	더 이상 …이 아니다	
269	nothing but	겨우, …뿐	
270	now and then	가끔	
271	of itself	저절로	
272	off duty	비번의	
273	on and on	계속하여	
274	on one's way (to)	~하는 도중에	
275	on purpose	일부러, 고의로	
276	on time	시간에 맞게, 정각에	
277	on the other hand	한편, 반면에	
278	or so	… 정도, 약	
279	out of date	구식의	
280	over there	저 너머에	
281	out of order	고장이 난	
282	out of sight	보이지 않는	
283	over and over	여러 번	
284	pay attention to	…에 주의하다	
285	pick up	집다, 얻다, 회복하다, 태워주다	
286	play a role	역할을 하다	
287	point to	지적하다, 가리키다	

Chapter 9 — Check List

288	☐☐	**provide A with B**	A에게 B를 제공하다
289	☐☐	**put off**	연기하다
290	☐☐	**put on**	입다
291	☐☐	**put on weight**	체중이 늘다
292	☐☐	**put out**	(불을) 끄다
293	☐☐	**put up with**	참다
294	☐☐	**quite a few**	적지 않은, 많은
295	☐☐	**rain cats and dogs**	비가 억수같이 쏟아지다
296	☐☐	**refer to**	언급하다, 참조하다
297	☐☐	**rely on**	…에 의존하다, 믿다
298	☐☐	**remind A of B**	A에게 B를 생각나게 하다
299	☐☐	**run across**	우연히 만나다
300	☐☐	**run away**	달아나다
301	☐☐	**search for**	…을 찾다
302	☐☐	**set up**	세우다, 설립하다
303	☐☐	**show off**	자랑하다
304	☐☐	**show up**	나타나다
305	☐☐	**sooner or later**	조만간에
306	☐☐	**stand by**	지지하다, …을 편들다
307	☐☐	**stand for**	나타내다, 상징하다
308	☐☐	**succeed in**	성공하다
309	☐☐	**suffer from**	…로 고통 받다, …로 고생하다
310	☐☐	**take after**	…을 닮다
311	☐☐	**take a look at**	…을 보다
312	☐☐	**take a picture**	사진을 찍다
313	☐☐	**take care of**	돌보다
314	☐☐	**take it easy**	진정하다, (마음을) 편히 가지다

315	☐☐	**take off**	벗다, 이륙하다
316	☐☐	**take out**	가지고 가다, 꺼내다
317	☐☐	**take part in**	참가하다
318	☐☐	**take place**	일어나다, 발생하다
319	☐☐	**take turns**	번갈아 하다
320	☐☐	**thanks to**	… 덕분에, … 때문에
321	☐☐	**the other day**	일전에, 며칠 전
322	☐☐	**think over**	곰곰이 생각하다
323	☐☐	**time after time**	몇 번이고, 여러 번
324	☐☐	**try on**	입어보다, 시험해 보다
325	☐☐	**turn down**	거절하다
326	☐☐	**turn off**	끄다
327	☐☐	**turn on**	켜다
328	☐☐	**wait for**	기다리다
329	☐☐	**wake up**	일어나다
330	☐☐	**watch out**	조심하다
331	☐☐	**well off**	유복한, 부유한
332	☐☐	**with a smile**	웃으면서
333	☐☐	**worry about**	…에 대해 걱정하다
334	☐☐	**write to**	…에게 편지를 쓰다
335	☐☐	**year after year**	해마다, 매년

Memo

Chapter 3

왕초보 필수 영숙어 500은 영어 숙어장이 아닙니다.
Shadow Speaking 332학습을 기반으로 영숙어를 통해
영어를 익히도록 설계된 신개념 학습법입니다.

[**핵심 영숙어**]

Idiom 336~500

Listening

Speaking 1

Speaking 2

평가 고득점을 위해 실력 다지기

Idiom 165

학습한 내용은 **Check List**를 통해 자신의
실력을 확인하며 익혀 보세요.

Shadw Speaking 332학습

① 오디어 3번 듣기
② 책을 보며 3번 따라 말하기
③ 책을 보지 않고 2번 따라 말하기

CHAPTER 3

UNIT 22

Idiom 336~350

Shadow Speaking 332

듣기 　 말하기1 　 말하기2

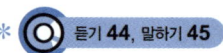 듣기 **44**, 말하기 **45**

336 **according to** + 명사 …에 의하면

≒ **according as** + 절(주어+동사 ~)

According to history, he was a hero.
역사에 의하면 그는 영웅이었다.

*history 역사

337 **account for** 설명하다

≒ **explain**

The old story cannot account for the truth.
그 오래된 이야기는 그 사실을 설명할 수 없다.

338 **all along** 처음부터 죽, 내내

≒ **all the time**

Jane watches TV all along.
Jane은 내내 TV를 본다.

339 **anything but** 결코 ~ 아닌

≒ **never**
cf. **nothing but** : 단지, …에 지나지 않는 ≒ **only**

Ann is anything but late for school.
Ann은 결코 지각하지 않는다.

UNIT 22

340 apply for 지원하다

≒ ask to be given
cf. apply to : 적용되다 ≒ concern, fit

Why did you apply for the club?
당신은 왜 그 클럽에 지원했나요?

341 as a matter of fact 사실

≒ in fact

As a matter of fact, she and I are close friends.
사실, 그녀와 나는 친한 친구이다.

* close 친한

342 as a rule 통상, 대체로

≒ usually, on the whole

As a rule, my brother goes to school early.
대체로 나의 남동생은 일찍 학교에 간다.

343 as it were 말하자면

≒ so to speak

As it were, he is an honest man.
말하자면, 그는 정직한 사람이다.

344 as soon as ~하자마자

I left home as soon as I heard the news.
나는 그 소식을 듣자마자 집에서 나왔다.

345 as to …에 관하여

≒ concerning, regarding, as regards

As to the problem, they said nothing.
그 문제에 관하여 그들은 아무 말도 하지 않았다.

Chapter 3 UNIT 22

346 **as well** …도 역시

≒ too, also

Thomas speaks French as well.
Thomas는 프랑스어도 역시 잘 말한다.

347 **at a loss** 어쩔 줄을 몰라서

≒ perplexed, uncertain

She was at a loss for words.
그녀는 당황해서 무슨 말을 해야 할지 몰랐다.

* loss 분실, 상실

348 **at hand** 가까이에

≒ near

The test is at hand.
그 시험이 머지않다(가까이 있다).

349 **at random** 닥치는 대로, 무작위로

≒ without aim

Please, choose at random.
무작위로 고르세요.

350 **attend on** 시중들다

≒ wait on, serve
cf. attend to : …에 주의하다 ≒ pay attention to

The nurses attended on the patients.
그 간호사들은 그 환자들을 시중들었다.

* patient 환자

CHAPTER 3

UNIT 23

Idiom 351~365

듣기 46, 말하기 47

351 **at the end of** …의 마지막에

↔ **at the beginning of** : …의 서두(앞)에

We will go on a picnic at the end of April.
우리는 4월 말에 소풍을 갈 것이다.

352 **at the same time** 동시에

≒ **at one time, together**

Two girls sat down at the same time.
두 소녀는 동시에 앉았다.

353 **be anxious to** + 동사 갈망하다

≒ **be eager to** + 동사

James is anxious to be a doctor.
James는 의사가 되기를 갈망한다.

354 **bear in mind** 기억하다

≒ **remember, learn by heart**

Ann has to bear his advice in mind.
Ann은 그의 충고를 기억해야만 한다.

* advice 충고

Chapter 3

355 **be capable of** ~할 능력이 있다

My sister is capable of swimming well.
나의 여동생은 수영을 잘할 수 있다.

356 **be different from** …과 다르다

≒ differ from

My idea is different from yours.
나의 생각은 너와 다르다.

357 **be engaged in** …에 종사하다

cf. **be engaged to** : …와 약혼하다

He is engaged in teaching English.
그는 영어를 가르치고 있다.

358 **be familiar with** 잘 알다

cf. **be familiar to** : …에게 잘 알려져 있다

They are familiar with the truth.
그들은 그 사실을 잘 알고 있다.

359 **be forced to** ~하지 않을 수 없다

≒ be obliged to, be compelled to

I'll be forced to go to the police.
나는 경찰을 부를 수밖에 없다.

360 **be in charge of** …을 책임지다

≒ be responsible for

Mr. Brown is in charge of the station.
Brown 씨는 그 역을 책임지고 있다.

UNIT 23

361 **be possessed of** …을 소유하다

cf. **be possessed by** : …에 의해 사로잡히다

She is possessed of expensive shoes.
그녀는 비싼 신발을 소유하고 있다.

362 **be ready to** ~하려고 하다, 기꺼이 ~하다

≒ **be about to, be willing to**
cf. **be ready for** +명사 : ~할 준비가 되어있다

We are ready to have dinner.
우리는 저녁 식사를 하려고 한다.

363 **be related to** …와 관계가 있다, …와 친척이다

Are you related to the teacher?
당신은 그 선생님과 친척인가요?

364 **be supposed to** ~하기로 되어 있다

I am supposed to finish my homework by this evening.
나는 오늘 저녁까지 숙제를 끝내기로 되어 있다.

365 **be tired of** 싫증이 나다

≒ **be bored, be sick of**
cf. **be tired from** : 피곤해지다

I was tired of hearing.
나는 듣는 것에 싫증이 났다.

CHAPTER 3

UNIT 24

Idiom 366~380

366 **be willing to** 기꺼이 ~하다

≒ be ready to

They were willing to do the task.
그들은 기꺼이 그 업무를 했다.

367 **break into** 침입하다

A thief broke into my house last night.
도둑이 어제 밤에 나의 집에 침입했었다.

368 **bring back** 반품하다, 가지고 돌아오다

Please bring back some coffee for me.
나에게 커피 좀 갖다 주세요.

369 **burst into** 갑자기 ~하다

≒ begin suddenly

She burst into laugher.
그녀는 갑자기 웃기 시작했다.

UNIT 24

370 **by degrees** 점차로

≒ gradually

Their friendship by degrees grew into love.
그들의 우정은 점차 사랑으로 변했다.

371 **by halves** 어중간하게

≒ incompletely

Don't do things by halves.
어중간하게 일을 하지 마라.

372 **by hand** 손으로, 손수

Kate wrote the letter by hand.
Kate는 손으로 그 편지를 썼다.

373 **by means of** …에 의하여

The stone was moved by means of a crane.
그 돌은 크레인에 의해 옮겨졌다.

374 **care for** 돌보다

≒ look after, take care of

My grandmother cared for my brothers.
나의 할머니가 나의 형제들을 돌보셨다.

375 **carry on** 계속하다

Carry on with your sweeping.
청소를 계속해라.

* sweep 청소하다

Chapter 3

UNIT 24

376 **chase away** 쫓아버리다

A man chased away the dog.
한 남자가 그 개를 쫓아버렸다.

377 **come in contact with** …과 접촉하다

≒ **come in touch with**
cf. **be in contact with** : …과 접촉하고 있다

I always come in contact with new books.
나는 항상 신간을 접한다.

378 **compare A to B** A를 B에 비유하다

cf. **compare with** : …과 비교하면

Books are often compared to friends.
책은 종종 친구에 비유된다.

379 **correspond with** 서신교환을 하다

≒ **exchange letters**
cf. **correspond to** : …과 일치하다, …에 해당하다

I want to correspond with her.
나는 그녀와 서신을 교환하고 싶다.

380 **count for little** 가치가 없다

≒ **be of little importance**

His idea counts for little.
그의 생각은 가치가 없다.

CHAPTER 3

UNIT 25

Idiom 381~395

Shadow Speaking 332

381 **count on** …을 믿다

≒ rely on
I count on you to help.
나는 당신이 도와줄 것을 믿는다.

382 **cut down** 나무를 베다

My father cut down the tree yesterday.
나의 아버지는 어제 그 나무를 베었다.

383 **deal in** 장사하다

My father deals in rice.
우리 아버지는 쌀을 파신다.

384 **deprive A of B** A에게서 B를 빼앗다

≒ take away B from A
The war deprived her of her son.
전쟁은 그녀에게서 그녀의 아들을 빼앗았다.

Chapter 3

385. distinguish *A* from *B*
A와 B를 구별하다

≒ **distinguish between *A* and *B***

She can't distinguish the good from the bad.
그녀는 선과 악을 구별하지 못한다.

386. end in 결국 …이 되다

≒ **result in**

The argument ended in a fight.
그 논쟁은 결국 싸움이 되었다.

387. exchange *A* for *B* A를 B로 교환하다

I'd like to exchange this shirt for a bigger one.
나는 이 셔츠를 더 큰 것으로 교환하고 싶어요.

388. fall back on …에 의지하다

≒ **depend on**

He had no man to fall back on.
그는 의지할 만한 사람이 없었다.

389. familiar to …에게 잘 알려진

cf. **familiar with** : …과 친근한

This proverb is familiar to us.
이 속담은 우리에게 잘 알려져 있다.

390. figure out 이해하다, 계산하다

≒ **make out, understand** : 이해하다
≒ **calculate** : 계산하다

I can't figure out the problem.
나는 그 문제를 이해할 수 없다.

UNIT 25

391 fold one's arms 팔짱을 끼다

≒ cross one's arms

They folded their arms around each other.
그들은 서로 팔짱을 끼었다.

*fold 접다

392 for ages 오랫동안

≒ for years, for a long time

I have not seen him for ages.
나는 오랫동안 그를 보지 못했다.

393 for all …에도 불구하고

≒ in spite of

For all his wealth he is not happy.
그의 부에도 불구하고 그는 행복하지 않다.

394 for my part 나로서는

≒ as for me

For my part, I will say no more.
나로서는 더 이상 아무 말도 않겠다.

395 for one's age 나이에 비해서

≒ considering one's age

She looks younger for her age.
그녀는 나이에 비해 젊어 보인다.

CHAPTER 3

UNIT 26 — Idiom 396~410

396. **for short** 줄여서, 간단하게 말하면

Benjamin is called Ben for short.
Benjamin은 줄여서 Ben이라고 부른다.

397. **for sure** 확실히

I will pass the exam this time for sure.
나는 이번에는 확실히 그 시험을 합격할 것이다.

398. **for the most part** 대부분, 대개

≒ mostly

They are for the most part diligent.
그들은 대부분 근면하다.

*diligent 근면한

399. **for want of** …이 부족하여

≒ for lack of

I can't buy the camera for want of money.
나는 돈이 부족하여 그 카메라를 살 수 없다.

UNIT 26

400 free from ···이 없는
≒ without
It was a day free from clouds.
구름 없는 날이었다.

401 furnish A with B A에게 B를 공급하다
≒ supply[provide] A with B
We furnished them with food.
우리를 그들에게 먹이를 주었다.

402 get married 결혼하다
We got married last year.
우리는 작년에 결혼했다.

403 get over 회복하다, 극복하다
≒ recover, overcome
He finally got over his illness.
그는 결국 그의 병을 극복했다.

404 get tired of 싫증나다
I got tired of the work.
나는 그 일이 싫증났다.

405 give birth to 낳다, 생산하다
≒ bear, produce
She gave birth to a baby.
그녀는 아기를 낳았다.

Chapter 3 — UNIT 26

406 **go through** 겪다, 경험하다, 통과하다

≒ **suffer, experience** : 겪다, 경험하다
≒ **pass through** : 통과하다

They went through the park.
그들은 그 공원을 통과했다.

407 **grow up** 성장하다

Mina grew up in Busan.
미나는 부산에서 자랐다.

408 **had better** ~하는 게 낫다

You had better go there at once.
너는 즉시 거기에 가는 게 낫다.

409 **hand out** 나누어 주다, 분배하다

≒ **give out, distribute**

The teacher handed out the papers.
그 선생님은 그 종이를 나누어 주셨다.

410 **happen to** 우연히 ~하다

I happened to see Ann at the bookstore.
나는 그 서점에서 우연히 Ann을 보았다.

CHAPTER 3

UNIT 27

Idiom 411~425

Shadow Speaking 332

듣기 54, 말하기 55

411 have difficulty (in) -ing
~하는 데 어려움을 겪다

≒ have a hard time -ing, have trouble -ing

I have difficulty in remembering names.
나는 이름을 외우는 데 어려움을 겪는다.

* difficulty 어려움

412 have (something) to do with
…와 관계가 있다

↔ have nothing to do with : …와 관계가 없다

We have to do with the facts.
우리는 그 사실들과 관계가 있다.

Tip have와 to do with 사이에 something이 들어가며 때로는 생략이 가능하다.

413 hit upon 우연히 만나다, 생각나다.

≒ come upon, occur to

I hit upon a good idea.
나는 좋은 생각이 났다.

414 hundreds of 수백의

Hundreds of students went to the meeting.
수백의 학생들이 그 모임에 갔다.

Idiom 500 · 115

Chapter 3

415 **in a word** 간단히 말해서

≒ **briefly**

In a word, he is sick.
간단히 말해서 그는 아프다.

416 **in addition to** 뿐만 아니라, 이외에도

In addition to that sum he owes me 50 dollars.
그 금액 이외에도 그는 나에게 50달러를 빚지고 있다.

417 **in any case** 어떤 경우에도, 어쨌든

In any case he goes to school.
그는 어떤 경우에도 학교에 간다.

418 **in behalf of** …을 위하여

cf. **on behalf of** : …을 대표하여

We did our best in behalf of our school.
우리는 우리 학교를 위해 최선을 다했다.

＊behalf 측, 이익

419 **in case of** …의 경우에

In case of fire, ring the bell.
화재가 발생할 경우에 그 벨을 울려라.

420 **in company with** …와 함께

He went there in company with the boys.
그는 그 소년들과 함께 거기에 갔다.

UNIT 27

421 **in consequence of** …의 결과

≒ as a result of

The river flooded in consequence of the rain.
그 강은 그 비로 인해 범람했다.

*flood 범람하다, 홍수

422 **in favor of** …에 찬성하여, …을 위하여

≒ in support of, in behalf of

I am all in favor of that.
난 그것에 전적으로 찬성한다.

423 **in hand** 손에 갖고, 연구 중인

The problem in hand is easy to solve.
지금 갖고 있는 그 문제는 풀기 쉽다.

424 **in itself** 원래, 본질적으로, 그 자체로

It is harmless in itself.
그것은 그 자체로는 해롭지 않다.

425 **in order to** …을 위하여

I ran in order to catch the train.
나는 그 기차를 타기 위해 달렸다.

CHAPTER 3

UNIT 28

Idiom 426~440

Shadow Speaking 332

426 in principle 원칙적으로

In principle, we have to obey the rules.
우리는 원칙적으로 그 규칙을 준수해야 한다.
* principle 원칙

427 in pursuit of …을 추구하여

He was in pursuit of money.
그는 돈을 추구했다.
* pursuit 추적, 추구

428 in regard to …에 관하여

≒ with regard to, in respect to

What is your opinion in regard to the problem?
그 문제에 관하여 당신의 의견은 무엇인가요?
* opinion 의견

429 in response to …에 응하여, …에 답하여

≒ in answer to

I sent an e-mail in response to your question.
당신의 질문에 응하여 나는 이메일을 보냈다.

UNIT 28

430 **in return** 그 보답으로

cf. **in return for** : …에 대한 대가로
I gave him a book in return.
나는 보답으로 그에게 책을 주었다.

431 **in search of** …을 찾아서

She went to the library in search of the information.
그녀는 그 정보를 찾으러 그 도서관에 갔다.

432 **in terms of** …에 의하여, …의 견지에서

≒ by means of, from the standpoint of
He expressed the idea in terms of action.
그는 행동으로 그 생각을 표현했다.

433 **in the absence of** …이 없어서

In the absence of evidence, he was set free.
그는 증거가 없어서 석방됐다.

434 **in the face of** …의 면전에서, …에도 불구하고

≒ in the presence of, in spite of
I met her in the face of my friends.
나는 나의 친구들 앞에서 그녀를 만났다.

435 **in the long run** 결국

≒ ultimately, finally
In the long run, he became a teacher.
결국 그는 선생님이 되었다.

Chapter 3 UNIT 28

436 **in the meantime** 그 동안에, 한편

≒ meanwhile

In the meantime, I learned to ride a bike.
그 동안에 나는 자전거 타는 것을 배웠다.

437 **in view of** …이 보이는 곳에

They came in view of the trees.
그들은 그 나무들이 보이는 곳에 왔다.

438 **in virtue of** …에 의하여

≒ by means of

He passed the test in virtue of hard studying.
그는 열심히 공부해서 그 시험에 합격했다.

*virtue 미덕

439 **keep company with** …와 친히 사귀다

≒ be friendly with

Eric kept company with Dan.
Eric은 Dan과 친해졌다.

440 **keep in contact with** …와 계속 접촉하다

He kept in contact with us when he was abroad.
그는 해외에 있을 때 우리와 계속 접촉했다.

CHAPTER 3

UNIT 29

Idiom 441~455

Shadow Speaking 332

---

441. learn ~ by heart 암기하다

≒ memorize

It is not easy to learn it by heart.
그것을 암기하기가 쉽지 않다.

---

442. lie in …에 있다, …에 놓여 있다

≒ consist in

Happiness lies in contentment.
행복은 만족에 있다.

*contentment 만족

---

443. little by little 조금씩

≒ gradually, by degrees

Judy got better little by little.
Judy는 조금씩 나아졌다.

---

444. live on …로 살아가다, …을 먹고 살다

We live on rice.
우리는 밥을 먹고 산다.

Idiom 500 • 121

Chapter 3

445 long to ~하기를 열망하다

I long to go to the zoo.
나는 그 동물원에 가기를 열망한다.

446 look over 검사하다

I looked over the bike.
나는 그 자전거를 검사했다.

447 make a fool of 조롱하다

They made a fool of me.
그들은 나를 조롱했다.

448 make believe …인 체하다

≒ pretend

He made believe to know the answer.
그는 그 답을 아는 척했다.

449 make much of 중요시하다

cf. **make nothing of** : 아무렇지도 않게 여기다

John made much of his watch.
John은 그의 시계를 중요시했다.

450 make oneself at home 편히 하다

≒ feel comfortable

They made themselves at home there.
그들은 거기서 편히 있었다.

UNIT 29

451 **make sense** 이치에 닿다, 말이 되다 ☐☐☐ ☐☐☐

≒ be sensible
That doesn't make any sense.
저것은 이치에 맞지 않는다.

452 **make up one's mind** 결심하다 ☐☐☐ ☐☐☐

≒ determine
Amy made up her mind to be a singer.
Amy는 가수가 되기로 결심했다.

453 **manage to** 그럭저럭 ~하다 ☐☐☐ ☐☐☐

My family managed to get there.
우리 가족은 그럭저럭 거기에 도착했다.
*manage 다루다, 관리하다

454 **more or less** 약, 다소 ☐☐☐ ☐☐☐

≒ about, somewhat
He was more or less exciting.
그는 다소 흥분했다.

455 **none the less** 그럼에도 불구하고 ☐☐☐ ☐☐☐

≒ nevertheless
I respect him none the less for his faults.
나는 그의 결점에도 불구하고 그를 존경한다.

CHAPTER 3

UNIT 30

Idiom 456~470

Shadow Speaking 332

456 **not ~ at all** 결코 ~ 아닌

Tom's mother can't speak Korean at all.
Tom의 어머니는 한국어를 전혀 못한다.

457 **not only A but (also) B**
A뿐만 아니라 B도

≒ B as well as A

He plays not only tennis but also baseball.
그는 테니스뿐만 아니라 야구도 한다.

458 **occur to** (생각 등이) 떠오르다

A good idea occurred to me.
나는 좋은 생각이 떠올랐다.

459 **of late** 최근에

≒ lately, recently

Our team won the game of late.
우리 팀은 최근에 경기에서 이겼다.

UNIT 30

460 **on account of** … 때문에

≒ **because of**

Judy was absent from school on account of illness. Judy는 아파서 학교에 결석했다.

461 **once in a while** 가끔

≒ **occasionally**

I was late for school once in a while.
나는 가끔 학교에 늦는다.

462 **one after another** 차례차례로

We got on the bus one after another.
우리는 차례로 그 버스를 탔다.

463 **on earth** 도대체

What on earth are you doing?
너는 도대체 뭐 하는 거니?

464 **out of place** 부적당한

≒ **unsuitable**

Some chairs were out of place.
몇몇 의자는 제자리에 있지 않았다.

465 **out of the question** 불가능한

≒ **impossible**
cf. **beyond (all) question** : 틀림없이

His success is out of the question.
그의 성공은 불가능하다.

Idiom 500 · 125

Chapter 3 UNIT 30

466 **owing to** … 때문에

≒ on account of, because of
Owing to the rain, I came late.
그 비 때문에 나는 늦게 왔다.

467 **pass away** 죽다, 사라지다

My grandfather passed away last year.
나의 할아버지는 작년에 돌아가셨다.

468 **pay for** 돈을 지불하다

I paid him for the book.
나는 그에게 그 책값을 지불했다.

469 **pick out** 고르다

≒ choose, select
I picked out the new book.
나는 그 새 책을 골랐다.

470 **prevent A from -ing** A가 ~하는 것을 못하게 하다

≒ keep A from -ing, stop A from -ing
Illness prevents him from doing the work.
질병은 그가 업무하는 것을 못하게 한다.

*prevent 막다, 예방하다

CHAPTER 3

UNIT 31

Idiom 471~485

듣기 62, 말하기 63

471 put aside 저축하다

The child put ten dollars aside every month.
그 어린이는 매달 10달러를 저축했다.

472 put away 치우다

Let's put away wastes.
쓰레기를 치우자.

473 put down 적어두다, 기록하다

≒ write down

I put down the difficult problems.
나는 어려운 문제들을 적어두었다.

474 put through 성취하다

≒ carry out

We didn't put the deal through.
우리는 그 거래를 성사시키지 못했다.

* deal 사업

Idiom 500 · 127

Chapter 3

475 put up at 숙박하다

We put up at the hotel.
우리는 호텔에서 숙박했다.

476 reach out 뻗치다

I reached out my arm.
나는 나의 팔을 뻗었다.

477 refrain from 삼가다

David refrained from watching TV.
David는 TV보는 것을 삼가했다.

478 regardless of …에 관계없이

≒ without regard to, irrespective of
Regardless of his fault, I like him.
나는 그의 결점에 관계없이 그를 좋아한다.

479 resign oneself to 체념하여 받아들이다

He resigned himself to his fate.
그는 그의 운명을 체념하여 받아들였다.

* resign 사임하다, 그만두다

470 result in 결국 …이 되다

Eating too much results in illness.
많이 먹는 것은 결국 병이 된다.

UNIT 31

481 run out of (물품이) 바닥이 나다

We ran out of food.
우리는 식량이 바닥났다.

482 second to none 최고의

≒ the best
This wine is second to none.
이 포도주는 최상급이다.

483 see off 전송하다

↔ meet : 마중하다
I went to the station to see him off.
나는 그를 전송하기 위해 그 역으로 갔다.

484 set out 시작하다, 떠나다

≒ begin, leave
He set out in business.
그는 사업을 시작했다.

485 side by side 나란히

≒ abreast
The students sat side by side.
그 학생들은 나란히 앉았다.

CHAPTER 3

UNIT 32

Idiom 486~500

Shadow Speaking 332

 듣기 64, 말하기 65

486 so far 지금까지

We have five people so far.
우리는 지금까지 5명이 모였다.

487 so to speak 말하자면

≒ as it were

So to speak, the dog is a member of the family.
말하자면, 그 개는 가족의 일원이다.

488 speak ill of 욕하다, 헐뜯다

≒ abuse
cf. **speak well of** : 칭찬하다 ≒ praise

Don't speak ill of others.
다른 사람들을 욕하지 마라.

489 stand out 눈에 띄다, 두드러지다

She stood out from the others.
그녀는 그 다른 사람들에게서 눈에 띄었다.

UNIT 32

490 stay with ...에 머무르다

Cathy is staying with her sister.
Cathy는 그녀의 여동생네 머무르고 있다.

491 sum up 요약하다, 총계를 내다

≒ summarize

It may be summed up as follows.
그것은 다음과 같이 요약된다.

492 take advantage of 이용하다, 속이다

He took advantage of her.
그는 그녀를 속였다.

493 tell A from B A와 B를 구별하다

≒ distinguish A from B, discern A from B

I can tell a Korean from a Japanese.
나는 한국 사람과 일본 사람을 구별할 수 있다.

494 tend to ~하는 경향이 있다

It tends to become hot in fall.
가을에 더워지는 경향이 있다.

495 to the point 적절한, 요령 있는

≒ relevant, to the purpose

His speech was to the point.
그의 연설은 적절했다.

Idiom 500 · 131

Chapter 3 — UNIT 32

496 turn out ...로 판명되다, 입증하다

≒ prove

He turned out to be right.
그가 옳은 것으로 판명되었다.

497 wear out 닳아 버리다, 지쳐 버리다

My shoes are worn out.
나의 신발은 닳았다.

498 what is better 게다가, 금상첨화로

What could be better than that?
이거보다 더 좋은 게 뭘까?

499 what is worse 설상가상으로

≒ to make matters worse

It began to rain and, what is worse, we lost our way in the dark.
비가 내리기 시작했고 설상가상으로 어둠 속에서 우리는 길을 잃었다.

500 write down 기록하다, 적다

I wrote down his new phone number.
나는 그의 새로운 전화번호를 적었다.

Practice 4 Unit 22~27

주어진 숙어의 뜻을 말해 보세요.

1. according to + 명사 ☐☐ _____ p.100
2. account for ☐☐ _____ p.100
3. anything but ☐☐ _____ p.100
4. as a matter of fact ☐☐ _____ p.101
5. as to ☐☐ _____ p.101
6. as soon as ☐☐ _____ p.101
7. at hand ☐☐ _____ p.102
8. attend on ☐☐ _____ p.102
9. at the same time ☐☐ _____ p.103
10. bear in mind ☐☐ _____ p.103
11. be possessed of ☐☐ _____ p.105
12. break into ☐☐ _____ p.106
13. care for ☐☐ _____ p.107
14. correspond with ☐☐ _____ p.108
15. cut down ☐☐ _____ p.109
16. deal in ☐☐ _____ p.109

Practice 4

Unit 22~27

17	distinguish A from B	☐☐ _____ p.110
18	end in	☐☐ _____ p.110
19	exchange A for B	☐☐ _____ p.110
20	familiar to	☐☐ _____ p.110
21	fold one's arms	☐☐ _____ p.111
22	for ages	☐☐ _____ p.111
23	for short	☐☐ _____ p.112
24	for the most part	☐☐ _____ p.112
25	for want of	☐☐ _____ p.112
26	free from	☐☐ _____ p.113
27	get married	☐☐ _____ p.113
28	give birth to	☐☐ _____ p.113
29	go through	☐☐ _____ p.114
30	had better	☐☐ _____ p.114
31	have difficulty (in) -ing	☐☐ _____ p.115
32	hit upon	☐☐ _____ p.115

Practice 5 — Unit 27~32

주어진 숙어의 뜻을 말해 보세요.

1. in principle — p.118
2. in pursuit of — p.118
3. in return — p.119
4. in search of — p.119
5. in the long run — p.119
6. keep company with — p.120
7. learn ~ by heart — p.121
8. lie in — p.121
9. long to — p.122
10. make a fool of — p.122
11. make believe — p.122
12. make much of — p.122
13. make sense — p.123
14. make up one's mind — p.123
15. not ~ at all — p.124
16. not only A but (also) B — p.124

Practice 5

Unit 27~32

17. on account of — p.125
18. once in a while — p.125
19. out of the question — p.125
20. pass away — p.126
21. prevent A from -ing — p.126
22. put through — p.127
23. put up at — p.128
24. reach out — p.128
25. result in — p.128
26. speak ill of — p.130
27. stand out — p.130
28. take advantage of — p.131
29. tell A from B — p.131
30. turn out — p.132
31. wear out — p.132
32. write down — p.132

Chapter 3 Check List

⭐ Chapter 3에서 배운 숙어들을 익혀 보세요.

336	☐☐	**according to** + 명사	⋯에 의하면
337	☐☐	**account for**	설명하다
338	☐☐	**all along**	처음부터 죽, 내내
339	☐☐	**anything but**	결코 ~ 아닌
340	☐☐	**apply for**	지원하다
341	☐☐	**as a matter of fact**	사실
342	☐☐	**as a rule**	통상, 대체로
343	☐☐	**as it were**	말하자면
344	☐☐	**as soon as**	~하자마자
345	☐☐	**as to**	⋯에 관하여
346	☐☐	**as well**	⋯도 역시
347	☐☐	**at a loss**	어쩔 줄을 몰라서
348	☐☐	**at hand**	가까이에
349	☐☐	**at random**	닥치는 대로, 무작위로
350	☐☐	**attend on**	시중들다
351	☐☐	**at the end of**	⋯의 마지막에
352	☐☐	**at the same time**	동시에
353	☐☐	**be anxious to** + 동사	갈망하다
354	☐☐	**bear in mind**	기억하다
355	☐☐	**be capable of**	~할 능력이 있다
356	☐☐	**be different from**	⋯과 다르다
357	☐☐	**be engaged in**	⋯에 종사하다
358	☐☐	**be familiar with**	잘 알다
359	☐☐	**be forced to**	~하지 않을 수 없다
360	☐☐	**be in charge of**	⋯을 책임지다

Chapter 3 Check List

361	be possessed of	…을 소유하다	
362	be ready to + 동사	~하려고 하다, 기꺼이 ~하다	
363	be related to	…와 관계가 있다, …와 친척이다	
364	be supposed to	~하기로 되어 있다	
365	be tired of	싫증이 나다	
366	be willing to	기꺼이 ~하다	
367	break into	침입하다	
368	bring back	반품하다, 가지고 돌아오다	
369	burst into	갑자기 ~하다	
370	by degrees	점차로	
371	by halves	어중간하게	
372	by hand	손으로, 손수	
373	by means of	…에 의하여	
374	care for	돌보다	
375	carry on	계속하다	
376	chase away	쫓아버리다	
377	come in contact with	…과 접촉하다	
378	compare *A* to *B*	A를 B에 비유하다	
379	correspond with	서신교환을 하다	
380	count for little	가치가 없다	
381	count on	…을 믿다	
382	cut down	나무를 베다	
383	deal in	장사하다	
384	deprive *A* of *B*	A에게서 B를 빼앗다	
385	distinguish *A* from *B*	A와 B를 구별하다	
386	end in	결국 …이 되다	
387	exchange *A* for *B*	A를 B로 교환하다	
388	fall back on	…에 의지하다	

Unit 22~32

389	**familiar to**	…에게 잘 알려진
390	**figure out**	이해하다, 계산하다
391	**fold one's arms**	팔짱을 끼다
392	**for ages**	오랫동안
393	**for all**	…에도 불구하고
394	**for my part**	나로서는
395	**for one's age**	나이에 비해서
396	**for short**	줄여서, 간단하게 말하면
397	**for sure**	확실히
398	**for the most part**	대부분, 대개
399	**for want of**	…이 부족하여
400	**free from**	…이 없는
401	**furnish A with B**	A에게 B를 공급하다
402	**get married**	결혼하다
403	**get over**	회복하다, 극복하다
404	**get tired of**	싫증나다
405	**give birth to**	낳다, 생산하다
406	**go through**	겪다, 경험하다, 통과하다
407	**grow up**	성장하다
408	**had better**	~하는 게 낫다
409	**hand out**	나누어 주다, 분배하다
410	**happen to**	우연히 ~하다
411	**have difficulty (in) -ing**	~하는 데 어려움을 겪다
412	**have (something) to do with**	…와 관계가 있다
413	**hit upon**	우연히 만나다, 생각나다.
414	**hundreds of**	수백의
415	**in a word**	간단히 말해서
416	**in addition to**	뿐만 아니라, 이외에도

Chapter 3 Check List

417	☐☐	**in any case**	어떤 경우에도, 어쨌든
418	☐☐	**in behalf of**	…을 위하여
419	☐☐	**in case of**	…의 경우에
420	☐☐	**in company with**	…와 함께
421	☐☐	**in consequence of**	…의 결과
422	☐☐	**in favor of**	…에 찬성하여, …을 위하여
423	☐☐	**in hand**	손에 갖고, 연구 중인
424	☐☐	**in itself**	원래, 본질적으로, 그 자체로
425	☐☐	**in order to**	…을 위하여
426	☐☐	**in principle**	원칙적으로
427	☐☐	**in pursuit of**	…을 추구하여
428	☐☐	**in regard to**	…에 관하여
429	☐☐	**in response to**	…에 응하여, …에 답하여
430	☐☐	**in return**	그 보답으로
431	☐☐	**in search of**	…을 찾아서
432	☐☐	**in terms of**	…에 의하여, …의 견지에서
433	☐☐	**in the absence of**	…이 없어서
434	☐☐	**in the face of**	…의 면전에서, …에도 불구하고
435	☐☐	**in the long run**	결국
436	☐☐	**in the meantime**	그 동안에, 한편
437	☐☐	**in view of**	…이 보이는 곳에
438	☐☐	**in virtue of**	…에 의하여
439	☐☐	**keep company with**	…와 친히 사귀다
440	☐☐	**keep in contact with**	…와 계속 접촉하다
441	☐☐	**learn ~ by heart**	암기하다
442	☐☐	**lie in**	…에 있다, …에 놓여 있다
443	☐☐	**little by little**	조금씩
444	☐☐	**live on**	…로 살아가다, …을 먹고 살다

[Index]

*기본 숙어, ★ 난이도별 숙어

A

a couple of * 두 개의, 수 개의 ··············· 27
a few * 다소의, 약간의(수량) ··············· 13
a lot of * 많은 ··············· 10
a member of * ···의 일원 ··············· 16
a pair of * 한 쌍의 ··············· 29
a piece of cake * 아주 쉬운 ··············· 25
above all ★★★ 무엇보다도 ··············· 38
according to + 명사 ★★☆ ···에 의하면 ··············· 100
account for ★★☆ 설명하다 ··············· 100
after all ★★★ 결국, ···에도 불구하고 ··············· 38
after school ★★★ 방과 후에 ··············· 38
agree with ★★★ 동의하다, 적합하다 ··············· 38
all along ★★☆ 처음부터 죽, 내내 ··············· 100
all at once ★★★ 갑자기 ··············· 39
all but ★★★ 거의 ··············· 39
all day (long) * 하루 종일 ··············· 27
all of a sudden ★★★ 갑자기 ··············· 39
all the way ★★★ 계속, 줄곧 ··············· 39
along with ★★★ ···와 함께 ··············· 39
and so on ★★★ 등등, 따위 ··············· 39
anything but ★★☆ 결코 ~ 아닌 ··············· 100
apply for ★★☆ 지원하다 ··············· 101
arrive at * ···에 도착하다 ··············· 16
as a matter of fact ★★☆ 사실 ··············· 101
as a result ★★★ 그 결과 ··············· 40
as a rule ★★☆ 통상, 대체로 ··············· 101
as ~ as possible ★★★ 가능한 ~하게 ··············· 40
as ~ as * ···와 같이 ~한 ··············· 18
as far as ★★★ ~하는 한, ···까지 ··············· 40
as it were ★★☆ 말하자면 ··············· 101
as soon as ★★☆ ~하자마자 ··············· 101

I.n.d.e.x

be busy with * ~하느라 바쁘다	28
be capable of ★☆☆ ~할 능력이 있다	104
be covered with ★★★ …으로 덮여 있다	43
be different from ★★★ …과 다르다	104
be engaged in ★★☆ …에 종사하다	104
be equal to ★★★ …을 감당할 능력이 있다	43
be familiar with ★★☆ 잘 알다	104
be forced to ★★★ ~하지 않을 수 없다	104
be famouse for ★★★ …로 유명하다	43
be filled with ★★★ …로 가득 차다	44
be friends with * …와 친하게 지내다	23
be full of * …로 가득 차 있다	23
be going to * ~할 것이다	10
be good at ★★★ …에 능하다	44
be happy to * ~해서 기쁘다	14
be in charge of ★★☆ …을 책임지다	104
be in trouble * 곤란에 처해 있다	22
be interested in * ~에 관심이 있다	12
be late for ★★★ …에 늦다	44
be over * 끝나다	26
be possessed of ★★☆ …을 소유하다	105
be proud of ★★★ …을 자랑스럽게 여기다	45
be ready to + 동사 ★★☆ ~하려고 하다, 기꺼이 ~하다	105
be related to ★★☆ …와 관계가 있다, …와 친척이다	105
be responsible for ★★★ …을 책임지다	45
be similar to ★★★ …와 유사하다	45
be supposed to ★★☆ ~하기로 되어 있다	105
be sure to ★★★ 반드시 ~하다	45
be surprised to ★★★ ~해서 놀라다	21
be tired of ★★☆ 싫증이 나다	105
be willing to ★☆☆ 기꺼이 ~하다	106
bear in mind ★★☆ 기억하다	103

Idiom 500 · 145

[Index]

because of ★★★ ··· 때문에 43
before long ★★★ 곧, 머지않아 44
behind time ★★★ 시간에 늦은 44
belong to ★★★ ···에 속하다, ···의 것이다 45
between *A* and *B* ★★★ A와 B 사이에 46
both *A* and *B* ★★★ A와 B 모두 46
both of ✱ ··· 양쪽 모두 23
break into ★★☆ 침입하다 106
break out ★★★ 갑자기 발생하다 46
bring back ★★☆ 반품하다, 가지고 돌아오다 106
bring up ★★★ 기르다, 양육하다, 교육하다 46
burst into ★★☆ 갑자기 시작하다 106
by accident ★★★ 우연히 46
by bike ✱ 자전거로 18
by degrees ★★☆ 점차로 107
by halves ★★☆ 어중간하게 107
by hand ★★☆ 손으로, 손수 107
by mistake ★★★ 실수로 47
by means of ★★☆ ···에 의하여 107
by nature ★★★ 본래, 날 때부터 47
by oneself ★★★ 홀로, 외로이 47
by the way ✱ 그런데 20

C

call back ★★★ 전화를 다시하다 47
call for ★★★ 요구하다 48
call off ★★★ 취소하다 48
cannot ~ too ★★★ 아무리 ~해도 지나치지 않다 48
care for ★★☆ 돌보다 107
carry on ★★☆ 계속하다 107

146 · Shadow Speaking 332

I.n.d.e.x

carry out ★★★ 수행하다 ············· 48
catch a cold ★★★ 감기에 걸리다 ············· 48
catch up with ★★★ 따라잡다 ············· 48
chase away ★★☆ 쫓아버리다 ············· 108
check in ★★★ (호텔 등에)투숙하다, (호텔, 공항 등에)체크인하다 ············· 49
cheer up ★★★ 기운이 나다, 기운이 내게 하다 ············· 49
come across ★★☆ (우연히)만나다, 발견하다 ············· 49
come by ★★★ 획득하다, 방문하다 ············· 49
come from ★ ··· 출신이다, ···에서 생기다 ············· 16
come in contact with ★★☆ ···과 접촉하다 ············· 108
come to ★★★ ···가 되다, 회복하다 ············· 49
come true ★★★ 실현되다 ············· 50
come up to ★★★ 도달하다, 표준에 맞다 ············· 50
compare *A* to *B* ★★☆ A를 B에 비유하다 ············· 108
compare *A* with *B* ★★☆ A와 B를 비교하다 ············· 50
consist of ★★★ ···로 구성되다, 이루어지다 ············· 50
correspond with ★★☆ 서신교환을 하다 ············· 108
count for little ★★☆ 가치가 없다 ············· 108
count on ★★☆ ···을 믿다 ············· 109
cut down ★★☆ 나무를 베다 ············· 109
cut in ★★★ 방해하다, 끼어들다 ············· 50

D E

day after day ★★★ 매일 ············· 51
day and night ★★★ 밤낮으로 ············· 51
deal in ★★☆ 장사하다 ············· 109
deal with ★★★ 다루다 ············· 51
depend on ★★★ 믿다, 의지하다 ············· 51
deprive *A* of *B* ★★☆ A에게서 B를 빼앗다 ············· 109
distinguish *A* from *B* ★★☆ A와 B를 구별하다 ············· 110
do away with ★★★ 제거하다, 죽이다 ············· 51

Idiom 500 · 147

[Index]

do good ★★★ 이익이 되다, 이롭다 ········· 52
do one's best ★★★ 최선을 다하다 ········· 52
do one's homework ★★★ 숙제를 하다 ········· 52
do the dishes ★ 설거지를 하다 ········· 16
do without ★★★ …없이 지내다 ········· 52
each of ★ …의 각각 ········· 24
each other ★★★ 서로 ········· 52
end in ★★☆ 결국 …이 되다 ········· 110
enjoy -ing ★ …을 즐기다 ········· 12
enough to ★★★ …하기에 충분히 ~한 ········· 53
every day ★★★ 매일 ········· 53
exchange *A* for *B* ★★☆ A를 B로 교환하다 ········· 110

F

face to face ★★★ 얼굴을 맞대고 ········· 53
fall down ★★★ 떨어지다, 넘어지다 ········· 53
fall back on ★★☆ …에 의지하다 ········· 110
fall short of ★★★ …이 부족하다, 못 미치다 ········· 54
familiar to ★★☆ …에게 잘 알려진 ········· 110
far away ★ 멀리 ········· 25
far from ★★★ …에서 먼 ········· 54
feel like -ing ★★★ ~하고 싶다 ········· 54
figure out ★★☆ 이해하다, 계산하다 ········· 110
find fault with ★★★ …을 비난하다 ········· 54
find out ★★★ 발견하다 ········· 54
first of all ★★★ 무엇보다도 ········· 55
fold one's arms ★★☆ 팔짱을 끼다 ········· 111
for a long time ★ 오랫동안 ········· 15
for a time ★★★ 잠시 동안 ········· 55
for ages ★★☆ 오랫동안 ········· 111
for all ★★☆ …에도 불구하고 ········· 111

I.n.d.e.x

for certain ★★★ 틀림없이 ·· 55
for example ★★★ 예를 들어 ·· 55
for lunch ★★★ 점심 식사로 ·· 55
for my part ★★☆ 나로서는 ·· 111
for nothing ★★★ 헛되이, 이유 없이, 공짜로 ·· 55
for one's age ★★☆ 나이에 비해서 ·· 111
for one's life ★★★ 필사적으로 ·· 56
for oneself ★★★ 스스로, 혼자 힘으로 ·· 56
for short ★★☆ 줄여서, 간단하게 말하면 ·· 112
for sure ★★☆ 확실히 ·· 112
for the first time ★★★ 처음으로 ·· 56
for the most part ★★☆ 대부분, 대개 ·· 112
for the purpose of ★★★ …을 할 목적으로 ·· 56
for the time being ★★★ 당분간 ·· 56
for want of ★★☆ …이 부족하여 ·· 112
free from ★★☆ …이 없는 ·· 113
from A to B ★★★ A에서 B까지 ·· 57
from now on ★★★ 지금부터 ·· 57
from time to time ★★★ 때때로 ·· 57
furnish A with B ★★☆ A 에게 B를 공급하다 ·· 113

G

get along with ★★★ 사이좋게 지내다 ·· 57
get away ★★★ 도망치다, 떠나다 ·· 57
get better ★★★ 좋아지다 ·· 58
get married ★★☆ 결혼하다 ·· 113
get off ✽ 내리다 ·· 25
get on ★★★ 타다 ·· 58
get over ★★☆ 회복하다, 극복하다 ·· 113
get rid of ★★★ 제거하다, 없애다 ·· 58
get tired of ★★☆ 싫증나다 ·· 113

Idiom 500 · 149

[Index]

get to ★★★ 도착하다 ····· 58
get up ✽ 일어나다 ····· 15
get used to ★★★ …에 익숙해지다 ····· 58
give birth to ★★☆ 낳다, 생산하다 ····· 113
give up ✽ 포기하다 ····· 24
go abroad ★★★ 해외에 가다 ····· 59
go across ★★★ 건너다 ····· 59
go ahead ★★★ 계속하다, 전진하다, 먼저 가다 ····· 59
go and ✽ ~하러 가다 ····· 21
go around ★★★ 돌다 ····· 59
go around the world ✽ 세계를 일주하다 ····· 19
go for a walk ★★★ 산보하다, 산책하다 ····· 60
go into ✽ … 안으로 들어가다 ····· 17
go on ★★★ 계속하다 ····· 60
go on a trip ★★★ 여행가다 ····· 60
go out (of) ✽ …에서 밖으로 나가다 ····· 15
go through ★★☆ 겪다, 경험하다, 통과하다 ····· 114
go to bed ✽ 잠자리에 들다 ····· 19
go to school ✽ 학교에 가다 ····· 16
grow up ★★☆ 성장하다 ····· 114

H

had better ★★☆ ~하는 게 낫다 ····· 114
half of ✽ …의 반 ····· 28
hand in hand ★★★ 손을 마주 잡고 ····· 60
hand out ★★☆ 나누어 주다, 분배하다 ····· 114
happen to ★★☆ 우연히 ~하다 ····· 114
have a cold ★★☆ 감기에 걸리다 ····· 15
have a good time ★★★ 즐겁게 보내다 ····· 60
have a party ★★★ 파티를 열다 ····· 20
have difficulty (in) -ing ★★☆ ~하는 데 어려움을 겪다 ····· 115

I.n.d.e.x

have fun ★ 재미있게 놀다	23
have to ★ ~해야 한다	11
have to do with ★★☆ …와 관계가 있다	115
help oneself (to) ★★★ …을 마음껏 먹다	61
hit upon ★★☆ 우연히 만나다, 생각나다.	115
How about ~? ★ ~하는 게 어때?	11
How do you like ~? ★ …은 어떻습니까?	24
How many times ~? ★ 몇 번 ~?	61
How often ~ ★ 얼마나 자주 ~?	28
how to ~ ★ ~하는 방법	13
hundreds of ★★☆ 수백의	115
hurry up ★★★ 서두르다	61

I

I'd like to ★ ~하고 싶다	12
I'm afraid ~ ★ …인 것 같다	21
I'm hear (that) ★★★ …을 듣다	28
I'm sure (that) ★ 나는 …라고 확신하다	22
I hope (that) ★ ~하기를 바라다	13
I see. ★ 이해하다, 알다	11
I think (that) ★ 나는 …라고 생각한다	10
in a word ★★☆ 간단히 말해서	116
in addition to ★★☆ 뿐만 아니라, 이외에도	116
in any case ★★☆ 어떤 경우에도, 어쨌든	116
in behalf of ★★☆ …을 위하여	116
in brief ★★★ 요컨대	61
in case of ★★☆ …의 경우에	116
in company with ★★☆ …와 함께	116
in comparison with ★★★ …와 비교하여	61
in consequence of ★★☆ …의 결과	117
in fact ★★★ 사실	61

[Index]

in favor of ★★☆ …에 찬성하여, …을 위하여	117
in front of ★★★ … 앞에	62
in general ★★★ 대개, 일반적으로	62
in hand ★★☆ 손에 갖고, 연구 중인	117
in itself ★★☆ 원래, 본질적으로, 그 자체로	117
in need ★★★ 빈곤한, 곤경에 처해 있는	62
in one's opinion ★★★ …의 의견으로는	62
in order to ★★☆ …을 위하여	117
in particular ★★★ 특히	63
in place ★★★ 적소에, 적당한	63
in place of ★★★ …의 대신에	63
in principle ★★★ 원칙적으로	118
in private ★★★ 개인적으로	63
in public ★★★ 공공연히, 다른 사람들 앞에서	63
in pursuit of ★★☆ …을 추구하여	118
in reality ★★★ 사실	63
in regard to ★★☆ …에 관하여	118
in response to ★★☆ …에 응하여, …에 답하여	118
in return ★★☆ 그 보답으로	119
in search of ★★☆ …을 찾아서	119
in short ★★★ 간단히 말해	64
in sight ★★★ 보이는	64
in spite of ★★★ …에도 불구하고	64
in terms of ★★☆ …에 의하여, …의 견지에서	119
in the absence of ★★☆ …이 없어서	119
in the end ★★★ 결국, 마침내	64
in the face of ★★☆ …의 면전에서, …에도 불구하고	119
in the future ★★★ 미래에	64
in the long run ★★☆ 결국	119
in the meantime ★★☆ 그 동안에, 한편	120
in the morning ★ 아침에	14
in time ★★★ 제 시간에	65

I.n.d.e.x

in turn ★★★ 차례로 ·· 65
in vain ★★★ 헛되이 ··· 65
in view of ★★☆ …이 보이는 곳에 ··· 120
in virtue of ★★☆ …에 의하여 ·· 120
inquire after ★★★ 안부를 묻다 ·· 65
instead of ★★☆ …대신에 ·· 66
introduce *A* to *B* ★ A를 B에 소개하다 ··· 19
It takes (to) ★★★ 시간이 걸리다 ·· 66

K L

keep (on) ★★★ 계속하다 ·· 66
keep company with ★★☆ …와 친히 사귀다 ···································· 120
keep in contact with ★★☆ …와 계속 접촉하다 ······························· 120
keep in mind ★★★ 명심하다, 기억하다 ··· 66
keep one's promise ★★★ 약속을 지키다 ·· 66
learn ~ by heart ★★☆ 암기하다 ··· 121
leave for ★★★ …으로 떠나다 ··· 67
lie in ★★☆ …에 있다, …에 놓여 있다 ·· 121
listen to ★ …을 듣다 ·· 14
little by little ★★☆ 조금씩 ·· 121
live in ★ …에 살다 ··· 12
live on ★★☆ …로 살아가다, …을 먹고 살다. ································ 121
long ago ★★★ 옛날에 ·· 67
long for ★★★ 갈망하다 ·· 67
long to ★★☆ ~하기를 열망하다 ··· 122
look after ★★★ 돌보다 ··· 67
look around ★ 둘러보다 ··· 27
look at ★ …을 보다 ·· 11
look down on ★★★ 멸시하다 ··· 67
look for ★★★ 찾다 ··· 67
look forward to ★★★ 고대하다 ··· 68
look like ★ …처럼 보이다 ·· 20

Idiom 500 · 153

[Index]

look out ★★★ 조심하다 ··· 68
look over ★★☆ 검사하다 ······································ 122
look up to ★★★ 존경하다, 우러러보다 ·············· 68
lose one's temper ★★★ 성을 내다 ····················· 68

M N

make a fool of ★★☆ 조롱하다 ···························· 122
make a mistake ★★★ 실수하다 ··························· 69
make believe ★★☆ …인 체하다 ·························· 122
make friends with ★★★ …와 친구가 되다 ········ 69
make fun of ★★★ 비웃다, 조롱하다 ··················· 69
make much of ★★☆ 중요시하다 ························ 122
make oneself at home ★★☆ 편히 하다 ············ 122
make out ★★★ 이해하다, 성공하다 ····················· 69
make sense ★★☆ 이치에 닿다, 말이 되다 ········ 123
make sure ★★★ 확인하다, 확실히 하다 ············ 69
make up ★★★ 화해하다, 화장하다 ······················ 69
make up for ★★★ 보충하다, 보상하다 ··············· 70
make up one's mind ★★☆ 결심하다 ················· 123
make use of ★★★ …을 이용하다 ······················· 70
manage to ★★☆ 그럭저럭 ~하다 ······················· 123
many times ★ 여러 번 ·· 20
more and more ★ 점점 더 ···································· 25
more or less ★★☆ 약, 다소 ································ 123
more than ★ …보다 많은, … 이상으로 ·············· 17
most of ★★☆ …의 대부분 ····································· 22
need to ★ ~할 필요가 있다 ································· 20
next time ★ 다음에 ··· 19
next to ★ … 옆에 ··· 26
next to none ★★★ 최고의 ···································· 70
no longer ★★★ 더 이상 …이 아닌 ······················ 70

I.n.d.e.x

no more than ★★★ 겨우 ·· 70
none the less ★★☆ 그럼에도 불구하고 ····································· 123
not more than ★★★ 기껏해야 ··· 71
not ~ any more ★★★ 더 이상 …이 아니다 ·································· 71
not ~ at all ★★☆ 결코 ~ 아닌 ·· 124
not *A* but *B* ★★★ A가 아니라 B ·· 71
not only *A* but (also) *B* ★★☆ A뿐만 아니라 B도 ···················· 124
nothing but ★★★ 겨우, …뿐 ·· 71
now and then ★★★ 가끔 ··· 71

o

occur to ★★☆ (생각 등이) 떠오르다 ·· 124
of itself ★★★ 저절로 ·· 72
of late ★★☆ 최근에 ·· 124
off duty ★★★ 비번의 ·· 72
on account of ★★☆ … 때문에 ··· 125
on and on ★★★ 계속하여 ·· 72
on earth ★★☆ 도대체 ··· 125
on one's way (to) ★★★ ~하는 도중에 ·· 72
on purpose ★★★ 일부러, 고의로 ··· 73
on the Internet * 인터넷 상에서 ·· 19
on the other hand ★★★ 한편, 반면에 ·· 73
on time ★★☆ 시간에 맞게, 정각에 ··· 73
on your own * 혼자서 ·· 23
once a month * 한 달에 한 번 ··· 27
once in a while ★★☆ 가끔 ·· 125
one after another ★★☆ 차례차례로 ··· 125
one day * (과거의) 어느 날 ··· 15
one of * … 중에 하나 ··· 12
or so ★★★ …정도, 약 ··· 73
out of date ★★★ 구식의 ·· 73

Idiom 500 · 155

[Index]

out of order ★★★ 고장이 난 ······································· 74
out of place ★★☆ 부적당한 ······································· 125
out of sight ★★★ 보이지 않는 ···································· 74
out of the question ★★☆ 불가능한 ···························· 125
over and over ★★★ 여러 번 ······································· 74
over there ★★★ 저 너머에 ·· 73
owing to ★★☆ … 때문에 ··· 126

P Q R

pass away ★★☆ 죽다, 사라지다 ································· 126
pay attention to ★★★ …에 주의하다 ·························· 74
pay for ★★☆ 돈을 지불하다 ······································· 126
pick out ★★☆ 고르다 ·· 126
pick up ★★★ 집다, 얻다, 회복하다, 태워주다 ················· 75
play a role ★★★ 역할을 하다 ····································· 75
point to ★★★ 지적하다, 가리키다 ······························· 75
prevent A from -ing ★☆☆ A가 ~하는 것을 못하게 하다 ···· 126
provide A with B ★★★ A에게 B를 제공하다 ·················· 75
put aside ★★☆ 저축하다 ··· 127
put away ★★☆ 치우다 ·· 127
put down ★★☆ 적어두다, 기록하다 ····························· 127
put off ★★★ 연기하다 ·· 75
put on ★★★ 입다 ·· 75
put on weight ★★★ 체중이 늘다 ································· 76
put out ★★★ (불을) 끄다 ·· 76
put through ★★☆ 성취하다 ······································· 127
put up at ★★☆ 숙박하다 ··· 128
put up with ★★★ 참다 ··· 76
quite a few ★★★ 적지 않은, 많은 ································ 76
rain cats and dogs ★★★ 비가 억수같이 쏟아지다 ·········· 76
reach out ★★☆ 뻗치다 ·· 128

I.n.d.e.x

refer to ★★★ 언급하다, 참조하다 ····· 77
refrain from ★★☆ 삼가다 ····· 128
regardless of ★★☆ …에 관계없이 ····· 128
rely on ★★★ …에 의존하다, 믿다 ····· 77
remind A of B ★★★ A에게 B를 생각나게 하다 ····· 77
resign oneself to ★★☆ …을 체념하여 받아들이다. ····· 128
result in ★★☆ 결국 …이 되다 ····· 128
run across ★★★ 우연히 만나다 ····· 77
run away ★★★ 달아나다 ····· 78
run out of ★★☆ (물품이) 바닥이 나다 ····· 129

S

say hello to ~ ★ …에게 안부를 전하다 ····· 27
search for ~ ★ …을 찾다 ····· 78
second to none ★★☆ 최고의 ····· 129
see off ★★☆ 전송하다 ····· 129
set out ★★☆ 시작하다, 떠나다 ····· 129
set up ★★★ 세우다, 설립하다 ····· 78
show off ★★★ 자랑하다 ····· 78
show up ★★★ 나타나다 ····· 78
side by side ★★☆ 나란히 ····· 129
since then ★ 그때부터 ····· 21
sit on ★ …에 앉다 ····· 25
so ~ that ★ 너무 …해서 ~하다 ····· 17
so far ★★☆ 지금까지 ····· 130
so to speak ★★☆ 말하자면 ····· 130
some day ★ (미래의) 어느 날, 언젠가 ····· 21
sooner or later ★★★ 조만간에 ····· 79
sound like ★ …처럼 들리다 ····· 29
speak ill of ★★☆ 욕하다, 헐뜯다 ····· 130
stand by ★★★ 지지하다, …을 편들다 ····· 79

Idiom 500 · 157

[Index]

stand for ★★★ 나타내다, 상징하다 ······ 79
stand out ★★☆ 눈에 띄다, 두드러지다 ······ 130
stay with ★★☆ …에 머무르다 ······ 131
succeed in ★★★ 성공하다 ······ 79
suffer from ★★★ …로 고통 받다, …로 고생하다 ······ 79
sum up ★★☆ 요약하다, 총계를 내다 ······ 131

T

take a bath ★ 목욕을 하다 ······ 29
take a break ★ 휴식을 취하다 ······ 29
take a look at ★★★ …을 보다 ······ 80
take a picture ★★★ 사진을 찍다 ······ 80
take advantage of ★★☆ 이용하다, 속이다 ······ 131
take after ★★★ …을 닮다 ······ 79
take care of ★★★ 돌보다 ······ 80
take it easy ★★★ 진정하다, 편히 가지다 ······ 80
take off ★★★ 벗다, 이륙하다 ······ 81
take out ★★★ 가지고 가다, 꺼내다 ······ 81
take part in ★★★ 참가하다 ······ 81
take place ★★★ 일어나다, 발생하다 ······ 81
take turns ★★★ 번갈아 하다 ······ 81
talk about ★ …에 대해 이야기하다 ······ 11
talk with ★ …와 이야기하다 ······ 11
tell A from B ★★☆ A와 B를 구별하다 ······ 131
tend to ★★☆ ~하는 경향이 있다 ······ 131
Thank you for ★ …을 고마워하다 ······ 14
thanks to ★★★ … 덕분에, … 때문에 ······ 81
the other day ★★★ 일전에, 며칠 전 ······ 82
these days ★ 요즘 ······ 27
think of ★ …을 생각하다 ······ 13

I.n.d.e.x

think over ★★★ 곰곰이 생각하다 ········· 82
this time ★ 이번에 ········· 22
throw away ★ …을 버리다 ········· 26
time after time ★★★ 몇 번이고, 여러 번 ········· 82
to the point ★★☆ 적절한, 요령 있는 ········· 131
try on ★★★ 입어보다, 시험해 보다 ········· 82
try to ★ ~하려 노력하다 ········· 13
turn down ★★★ 거절하다 ········· 82
turn off ★★★ 끄다 ········· 83
turn on ★★★ 켜다 ········· 83
turn out ★★☆ …로 판명되다, 입증하다 ········· 132

U W Y

used to ★ ~하곤 했다 ········· 28
wait for ★★★ 기다리다 ········· 83
wake up ★★★ 일어나다 ········· 83
walk around ★ 주의를 걷다 ········· 26
walk to ★ …까지 걷다, 돌아다니다 ········· 17
want to ★ ~하고 싶다 ········· 10
watch out for ★★★ 조심하다 ········· 83
wear out ★★☆ 닳아 버리다, 지쳐 버리다 ········· 132
welcome to ★ 맞이하다, 환영하다 ········· 24
well off ★★★ 유복한, 부유한 ········· 84
what is better ★★☆ 게다가, 더욱이, 금상첨화로 ········· 132
what is worse ★★☆ 설상가상으로 ········· 132
What kind of ~? ★ 어떤 종류의 ~? ········· 18
with a smile ★★☆ 웃으면서 ········· 84
worry about ★★★ …에 대해 걱정하다 ········· 84
write down ★★☆ 기록하다, 적다 ········· 132
write to ★★★ …에게 편지를 쓰다 ········· 84
year after year ★★★ 해마다, 매년 ········· 84